Arbeitsblätter

Vertretungsstunden Mathematik

7./8. Schuljahr

32 Arbeitsblätter
mit Kommentar und Lösungen

von
Uwe Bergmann

Ernst Klett Verlag
Stuttgart   Düsseldorf   Leipzig

 Gedruckt auf Papier,
welches aus Altpapier hergestellt wurde.

Die Deutsche Bibliothek – CIP-Einheitsaufnahme
Ein Titeldatensatz für diese Publikation ist bei der Deutschen Bibliothek erhältlich

1. Auflage 1999 A
Alle Rechte vorbehalten.
© Ernst Klett Verlag GmbH, Stuttgart 1999
Internetadresse: http://www.klett-verlag.de
E-Mail: klett-kundenservice@klett-mail.de
Umschlaggestaltung: BSS Werbeagentur Sachse und Partner, Bietigheim
Satz: Hahn Medien, Kornwestheim
Druck: W. Röck, Weinsberg
ISBN 3-12-926771-9

Inhalt

		Seite	Lösung Seite	Klasse
Aus Geometrie und Topologie				
A 1	Flächenverwandlungen	5–6	67	7
A 2	Flächen in Punktgittern	7–8	68	7
A 3	Kreuzungsfreie Linienführungen	9–10	69	7
A 4	Kürzeste Wege	11–12	70	7
A 5	Die Familie der Vierecke	13–14	70/71	7
A 6	Schräge Spiegelungen	15–16	71/72	7
A 7	Parkette	17–18	72/73	7
A 8	Die PLATONischen Körper	19–20	73	7
A 9	Der EULERsche Polyedersatz	21–22	73/74	7
Aus der Zahlentheorie				
A 10	Rund um die Uhr	23–24	74/75	7
A 11	Die FIBONACCI-Zahlen	25–26	75	7
A 12	Zahlensiebe	27–28	76	7
A 13	Gibt es unendlich viele Primzahlen?	29–30	77	7
A 14	Zahlen aus Figuren	31–32	78	7
A 15	Zahlentheoretische Funktionen	33–34	78/79	8
A 16	Stellenwertsysteme	35–36	80	7
A 17	Rechnen im Dualsystem	37–38	81	7
Quer durch die Mathematik				
A 18	Das Märchen von der Schneeflocke	39–40	81	7
A 19	Eine Fläche ohne Inhalt	41–42	82	7
A 20	Die Mächtigkeit von Mengen	43–44	83	7
A 21	Permutationen	45–46	84	7
A 22	Die binomischen Formeln	47–48	85	8
A 23	Das PASCALsche Dreieck	49–50	85/86	8
A 24	Vom PASCALschen Dreieck zum SIERPINSKI-Dreieck	51–52	86/87	8
A 25	Binomialkoeffizienten	53–54	87/88	8
A 26	Ostern 2010	55–56	88/89	7
A 27	Die Osterformel	57	89	7
Brüche – einmal anders				
A 28	Brüche, Brüche, Brüche	58	90	7
A 29	Perioden	59–60	90–92	7
A 30	Periodenlängen	61–62	92/93	7
A 31	Dezimalbrüche und Potenzen	63–64	93/94	7
A 32	Kettenbrüche	65–66	94	8
Didaktisch-methodischer Kommentar K 1–K 32 (mit Lösungen)		67–94		
Weiterführende Literatur		95		

Flächenverwandlungen **A 1**

Aufgabe 1
Du siehst hier ein Rechteck. Zerschneide es entlang der gestrichelten Linien und setze die Teile zu einem Quadrat zusammen.

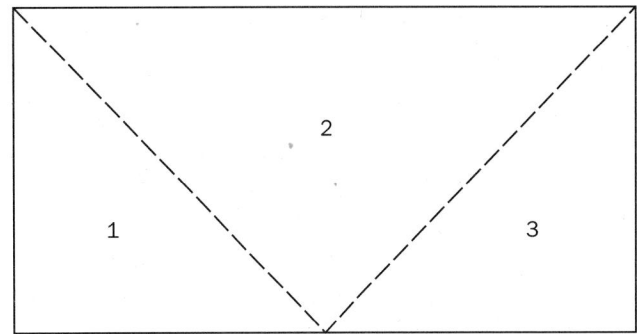

Aufgabe 2

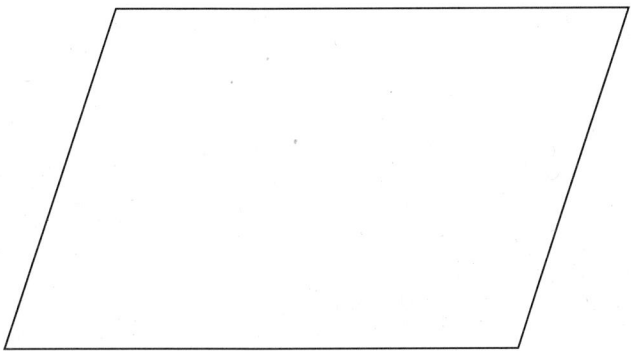 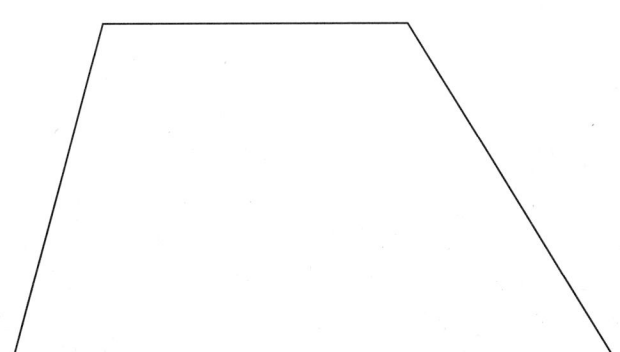

a) Zerschneide das Parallelogramm und setze die Teile zu einem Rechteck zusammen.
   Du darfst aber nur einen Schnitt machen!

b) Zerschneide das Trapez und setze die Teile zu einem Rechteck zusammen.
   Du darfst genau zwei Schnitte machen.

Aufgabe 3
Diesmal ist ein gleichseitiges Dreieck gegeben.
a) Zerschneide es in zwei kongruente Teile und setze die Teile zu einem Rechteck zusammen.
b) Lege die beiden Teile aus a) so, dass sich ein Parallelogramm ergibt.

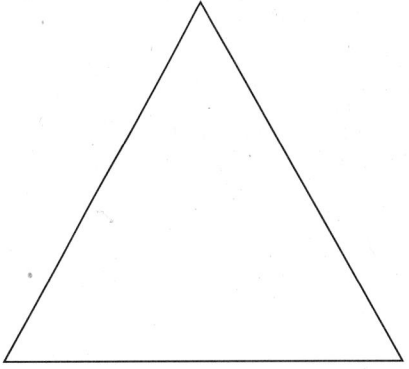

Aufgabe 4
a) Zerschneide das Dreieck in zwei Teile, die nicht kongruent sind. Lege daraus ein Parallelogramm.

b) Zerschneide das Dreieck in vier kongruente Teile. Lege sie zu einem Parallelogramm zusammen.

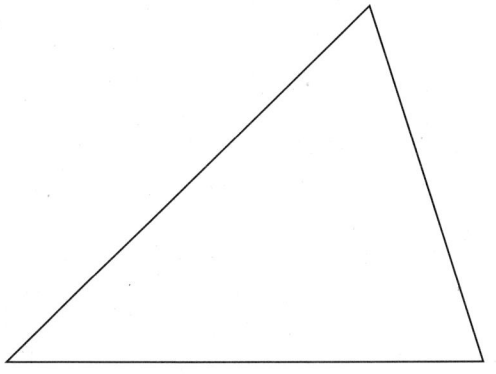 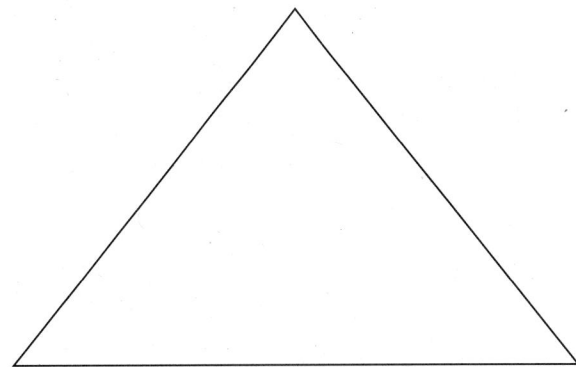

A 1 Flächenverwandlungen

Aus dem Rechteck aus Aufgabe 1 ließ sich auf einfache Weise ein Quadrat herstellen. Grund dafür ist das besondere Verhältnis der Seiten.

Aufgabe 5
Miss die Längen der Seiten des Rechtecks und gib ihr Verhältnis an.

a : b = ___ : ___

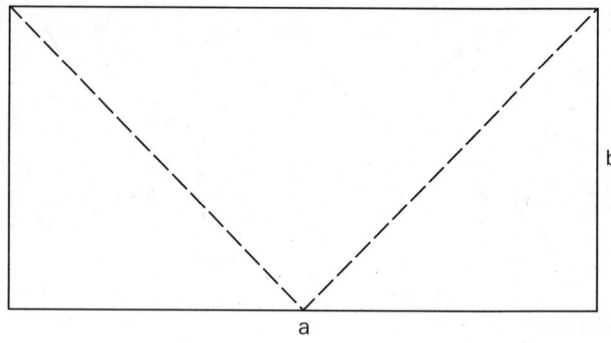

Aufgabe 6
a) Miss die Längen der Seiten dieses Rechtecks und bilde ihr Verhältnis.

a : b = ___ : ___

b) Zerschneide das Rechteck ebenso wie das in Aufgabe 5. Versuche die Teile zu einem Quadrat zusammenzusetzen. Was stellst du fest?

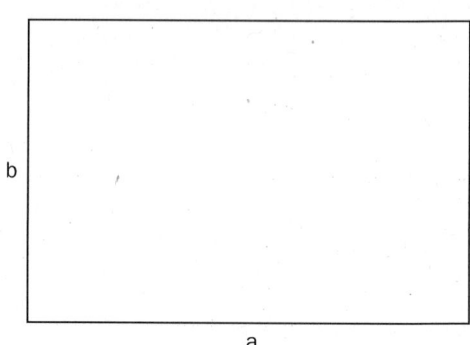

Aufgabe 6 zeigt, dass es nicht immer einfach ist, ein Rechteck in ein Quadrat zu verwandeln, wenn dabei das Rechteck in möglichst wenige Teile zerschnitten werden soll.

Aufgabe 7
Hier ist schon eingezeichnet, wie das Rechteck zu zerschneiden ist. Es gibt eine Möglichkeit, aus den vier Teilen ein Quadrat zu legen. Versuch es!

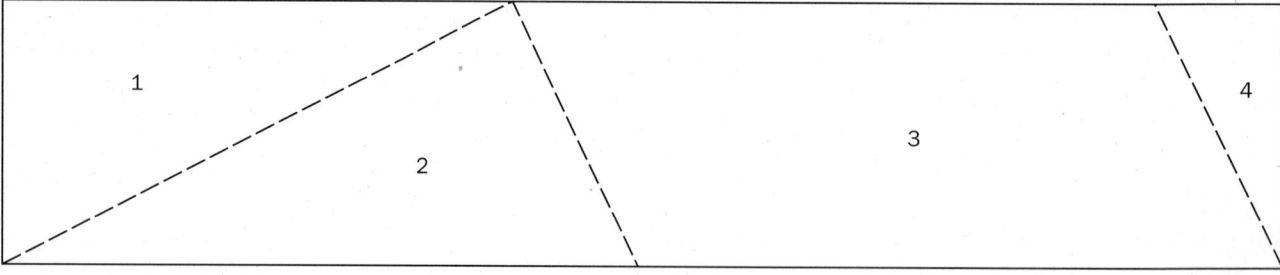

Aufgabe 8
Diese Figur ist ein so genanntes „griechisches" Kreuz. Zerschneide die Figur entlang der gestrichelten Linie und lege die Teile zu einem Quadrat zusammen.

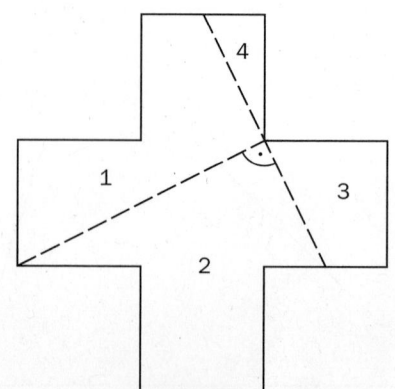

Flächen in Punktgittern **A 2**

Hier sind Figuren in ein Quadratgitter eingezeichnet.

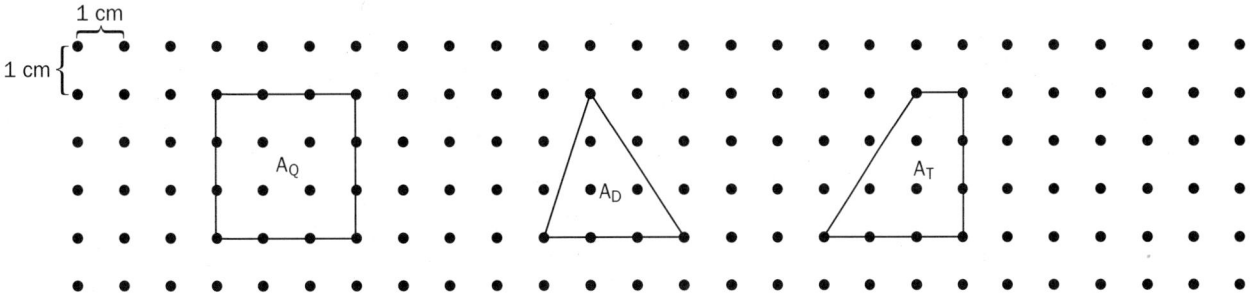

Aufgabe 1
Berechne den Flächeninhalt der Figuren mithilfe der bekannten Formeln:

Quadrat $A_Q = a^2$ Dreieck $A_D = \frac{1}{2} a \cdot h_a$ Trapez $A_T = \frac{a + c}{2} \cdot h$

Eine einfachere Berechnungsmethode bietet die folgende Formel, bei der
- r die Anzahl der **Randpunkte** (Gitterpunkte, die auf dem Rand der Figur liegen) und
- i die Anzahl der **Innenpunkte** (Gitterpunkte, die innerhalb der Figur liegen)

bedeutet.

$$A = \frac{r}{2} - 1 + i$$

Aufgabe 2
Zähle bei den drei Figuren die Randpunkte und die Innenpunkte und fülle die Tabelle aus. Vergleiche das Ergebnis mit dem von Aufgabe 1.

	r	i	$A = \frac{r}{2} - 1 + i$	Flächeninhalt
Quadrat	12	4	9	$A_Q =$
Dreieck				$A_D =$
Trapez				$A_T =$

Aufgabe 3
Berechne die Flächeninhalte der Figuren mithilfe der angegebenen Formeln:

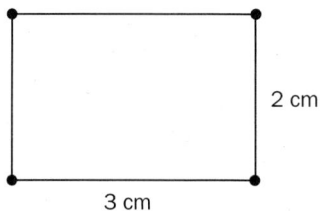 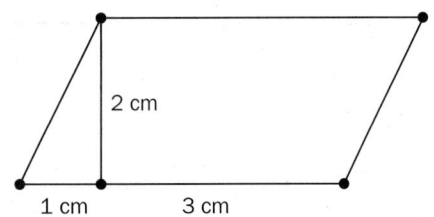 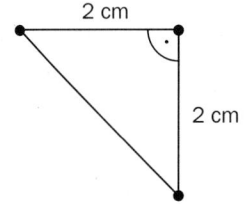

Rechteck $A_R = a \cdot b$ Parallelogramm $A_P = a \cdot h$ Dreieck $A_D = \frac{1}{2} a \cdot h_a$

A 2 Flächen in Punktgittern

Aufgabe 4
a) Zeichne die Figuren aus Aufgabe 3 in das Punktgitter ein.

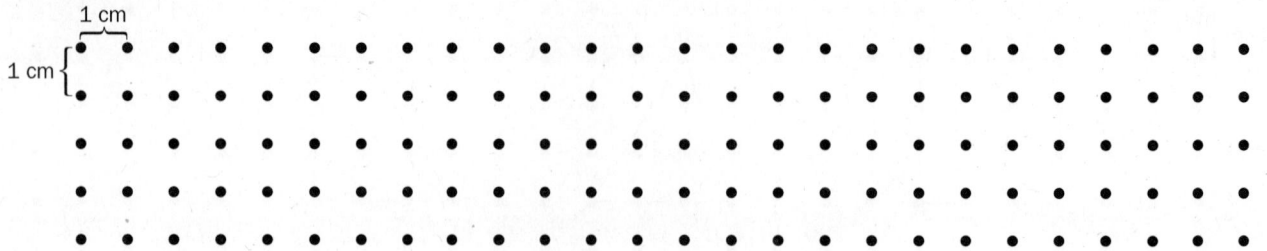

b) Zähle die Randpunkte und die Innenpunkte und fülle die Tabelle aus.

	r	i	$A = \dfrac{r}{2} - 1 + i$	Flächeninhalt
Rechteck				$A_R =$
Parallelogramm				$A_P =$
Dreieck				$A_D =$

Aufgabe 5
Berechne den Flächeninhalt dieses kompliziert gebauten Polygons.

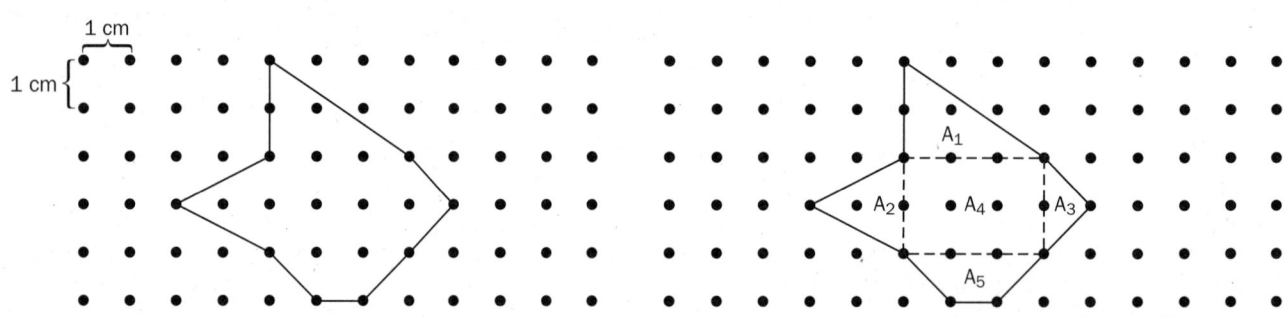

a) Bestimme r = _____

  i = _____

$A = \dfrac{r}{2} - 1 + i$ = _____

b) Das Polygon wird in Teilflächen zerlegt:

1. Dreieck: A_1 = _____

2. Dreieck: A_2 = _____

3. Dreieck: A_3 = _____

Rechteck: A_4 = _____

Trapez: A_5 = _____

Summe A = _____

Aufgabe 6
Berechne den Flächeninhalt.

Bestimme r = _____

  i = _____

$A = \dfrac{r}{2} - 1 + i$ = _____

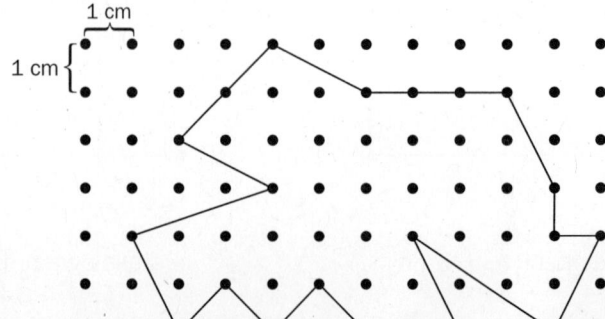

Kreuzungsfreie Linienführungen A 3

Die drei Einfamilienhäuser A, B und C sollen mit Wasser (W) und Elektrizität (E) versorgt werden. Die Leitungen müssen so verlegt werden, dass sie sich nicht kreuzen. Die Hauseigentümer lassen auch keine Verbindungsleitungen zwischen den drei Häusern zu.

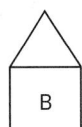
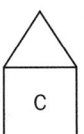

Aufgabe 1
Zeichne die Leitungen ein.

Aufgabe 2
Nun sollen die drei Häuser zusätzlich noch je einen Gasanschluss erhalten.
Wie könnten jetzt die Leitungen geführt werden?
(Sie dürfen sich wieder nicht kreuzen!)

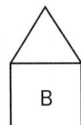

Du siehst hier eine Landkarte mit den drei Orten Adorf (A), Behausen (B) und Ceheim (C).
Von jedem Ort zum anderen gibt es eine Verbindungsstraße, aber keine der Straßen kreuzen sich.

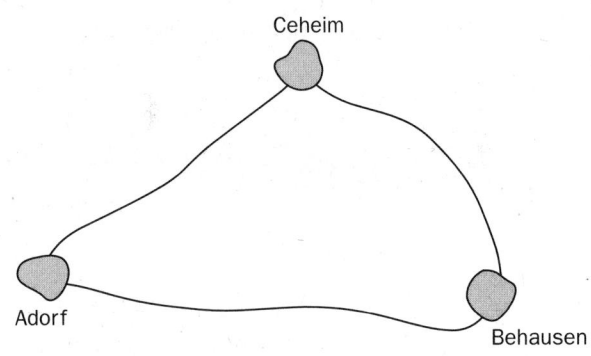

Aufgabe 3
Auch der Ort Destadt (D) soll an das Straßennetz angeschlossen werden.
Zeichne die Verbindungsstraßen so ein, dass sich keine Kreuzung ergibt.

A 3 Kreuzungsfreie Linienführungen

Aufgabe 4
Du siehst hier weitere Landkarten mit 5 bzw. 6 Orten. Versuche jeweils ein Straßensystem ohne Kreuzungen einzuzeichnen.

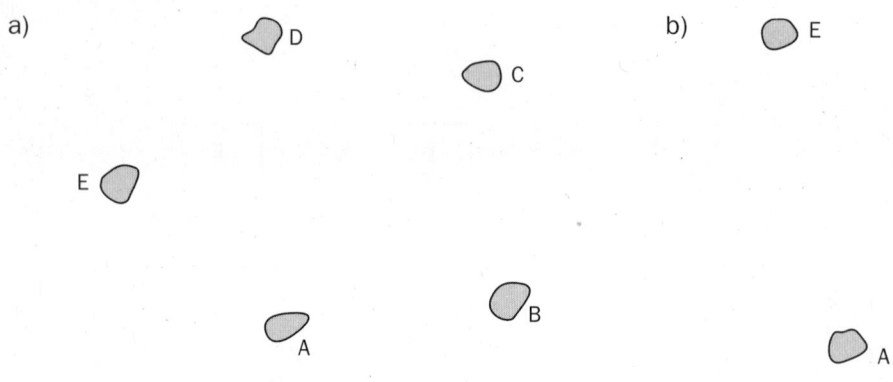

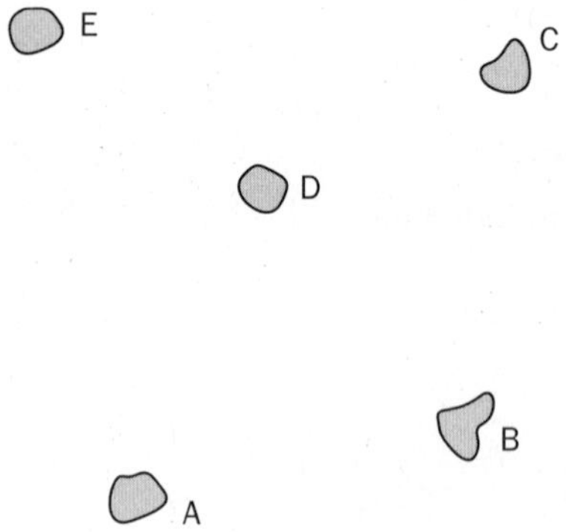

Bis zu wie vielen Orten kann man einen derartigen Plan zeichnen?

Die Goldsucher Bill, Sam und Joe stecken ihre Claims (Schürfgebiete) ab. Sie vereinbaren, dass jeder zu jedem eine gemeinsame Grenze haben soll. Auf diese Weise könnten sich jeweils zwei von ihnen gegenseitig besuchen, ohne den Claim des dritten betreten zu müssen.
Hier siehst du einen Lageplan für die drei Grundstücke.

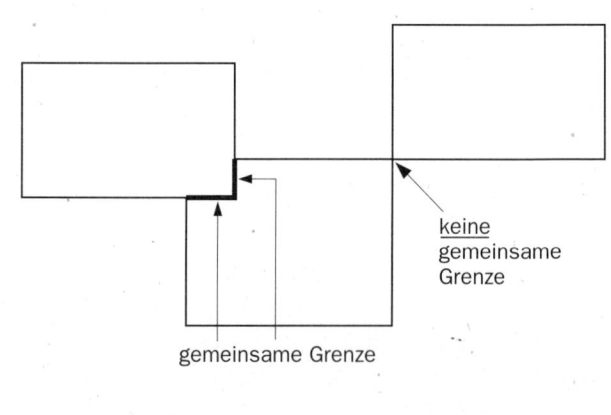

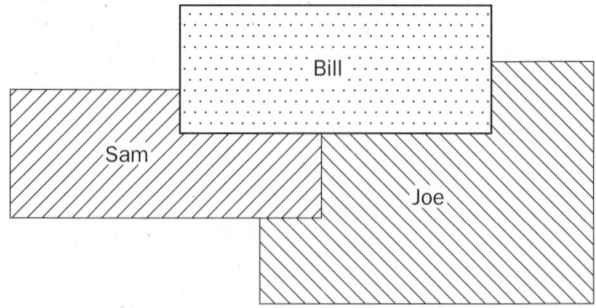

Nach einigen Tagen trifft der Goldsucher Matt ein und möchte sich den dreien anschließen.

Aufgabe 5
Versuche Matts Grundstück in den Plan einzuzeichnen.

Aufgabe 6
a) Versuche dasselbe für insgesamt 5 und 6 Goldsucher.
b) Vergleiche die Teilaufgabe a) mit der von Aufgabe 4. Fällt dir etwas auf?

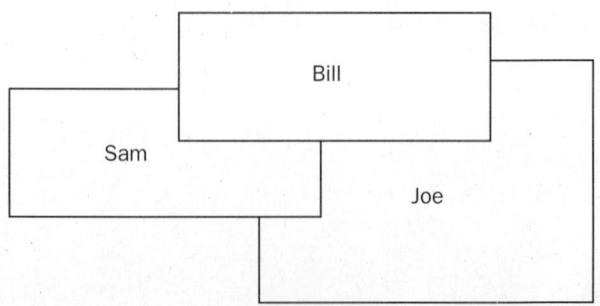

Kürzeste Wege A 4

Häuptling Winnetou kehrt von der Jagd zurück. Vom Hügel H sieht er schon seinen Wigwam W. Doch bevor er dorthin reitet, möchte er noch sein Pferd am Fluss f tränken.

Wir wollen Winnetou helfen den kürzesten Weg von H nach W über f zu finden.

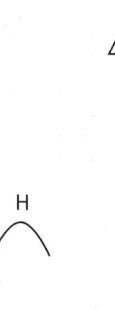
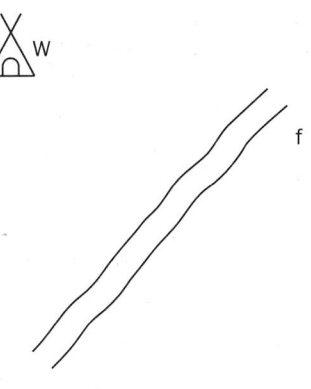

Aufgabe 1
Du siehst hier mehrere Möglichkeiten, wie Winnetou reiten könnte. Miss die Wege. Welches ist der kürzeste?

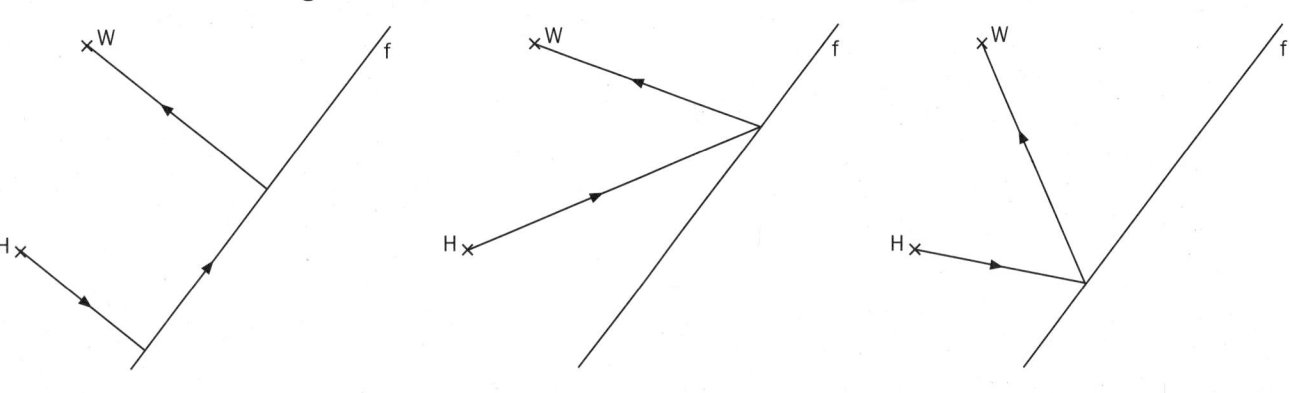

Die kürzeste Verbindung zweier Punkte ist eine Strecke. Von H nach W kannst du aber keine Strecke zeichnen, weil Winnetou ja zunächst zum Fluss reitet. (Die Strecke bekäme einen Knick.) Stell dir nun vor, W läge auf der anderen Seite des Flusses und wäre mit W' bezeichnet.

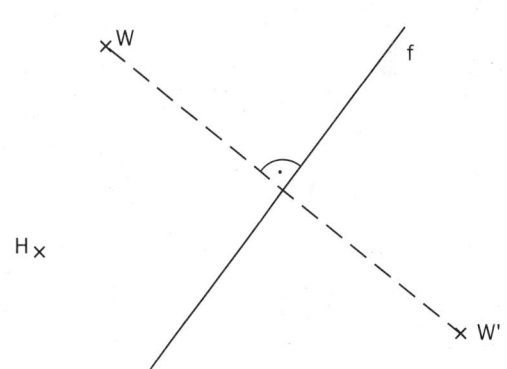

Aufgabe 2
Zeichne den kürzesten Weg von H nach W' als Strecke ein.

Durch diese Konstruktion haben wir einen wichtigen Punkt ermittelt, nämlich den Punkt F, an dem Winnetou das Flussufer erreicht.

Aufgabe 3
Miss die Längen der Strecken $\overline{FW}$ und $\overline{FW'}$.

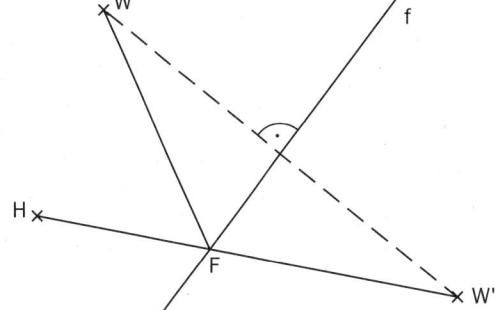

A 4 Kürzeste Wege

Wir fassen zusammen:
Der kürzeste Weg von H über f nach W wird ermittelt indem man
- W an f spiegelt (Spiegelpunkt W'),
- H und W' verbindet (Schnittpunkt F) und
- F und W verbindet.

Das Ergebnis ist der Weg H → F → W.

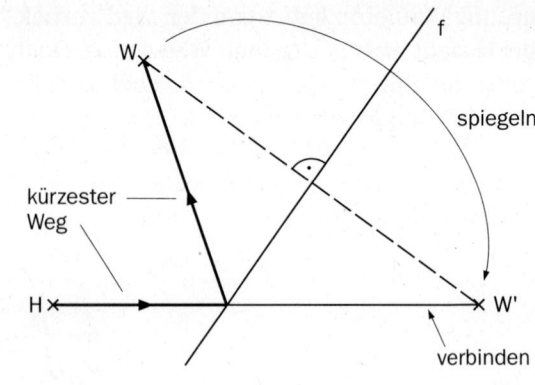

Aufgabe 4
Nun will Winnetou zunächst zur Straße s reiten um zu schauen, ob die Postkutsche kommt. Erst danach wird er zum Fluss und zuletzt zum Wigwam reiten. Gesucht ist wieder der kürzeste Weg.
a) Spiegele H an s und nenne den Punkt H'.
b) Spiegele W an f und nenne den Punkt W'.
c) Zeichne die Strecke $\overline{H'W'}$ ein. Die Schittpunkte mit s bzw. f bezeichne mit S bzw. F.
d) Der kürzeste Weg ist H → S → F → W. Zeichne ihn ein.

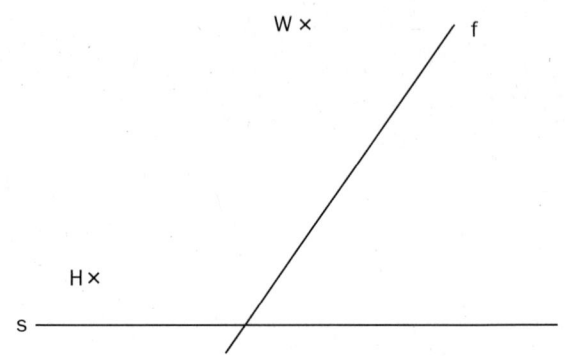

Aufgabe 5
Ein Billardspieler möchte die Kugel von A nach B stoßen, wobei sie nacheinander die Banden a und b treffen soll.
Konstruiere den Weg, den die Kugel nimmt.
Gehe vor wie in Aufgabe 4.

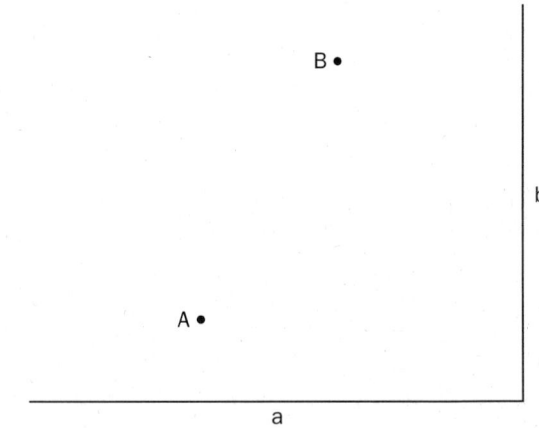

Aufgabe 6
Ein Lichtstrahl soll von A nach B gelangen, nachdem er nacheinander von den Spiegeln s_1 und s_2 reflektiert wurde. Konstruiere den Weg des Lichtstrahls.

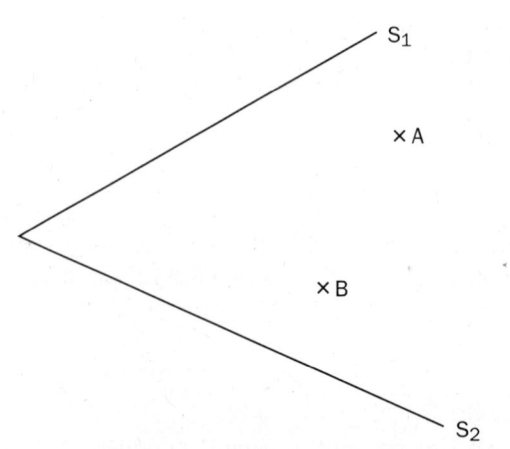

Die Familie der Vierecke A 5

Die Familie der Vierecke besteht aus 7 Figuren:
allgemeines Viereck, Drachenviereck, Parallelogramm, Quadrat, Raute (Rhombus), Rechteck, Trapez.

Das allgemeine Viereck ist unregelmäßig. Es besitzt 4 verschieden große Winkel und 4 Seiten, die weder parallel zueinander noch gleich lang sind.

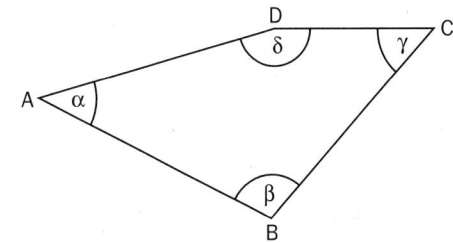

Seine 6 Verwandten sind hier abgebildet.

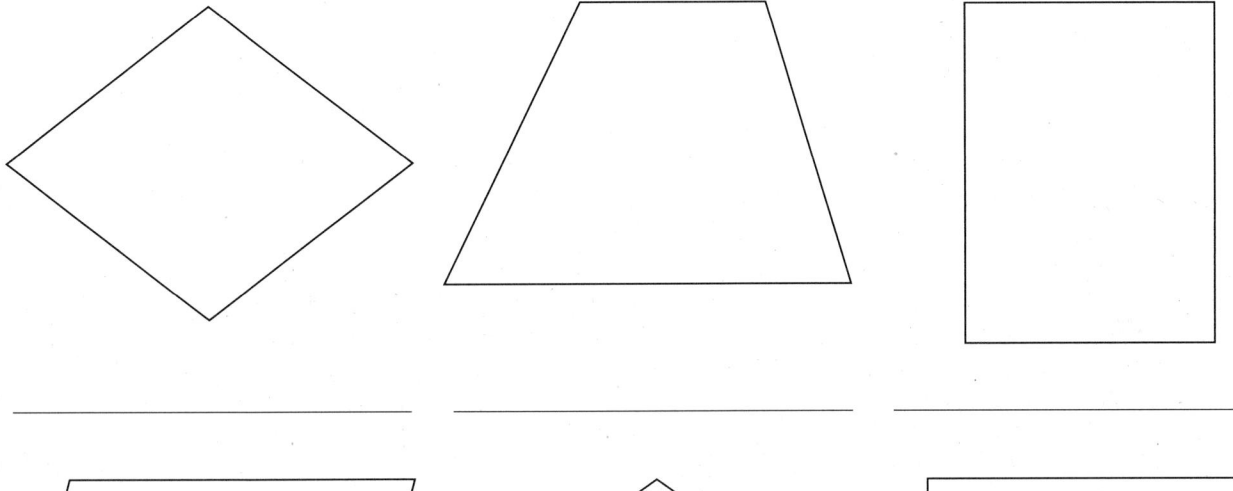

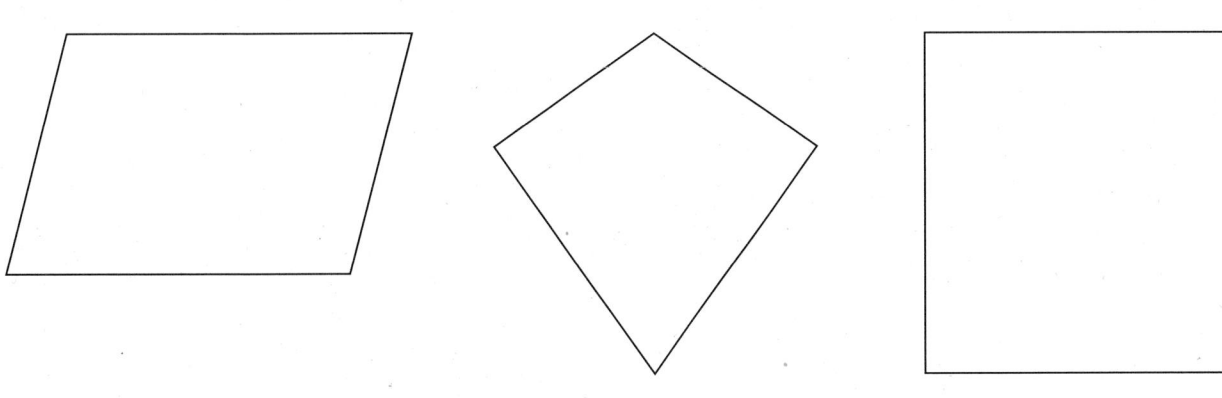

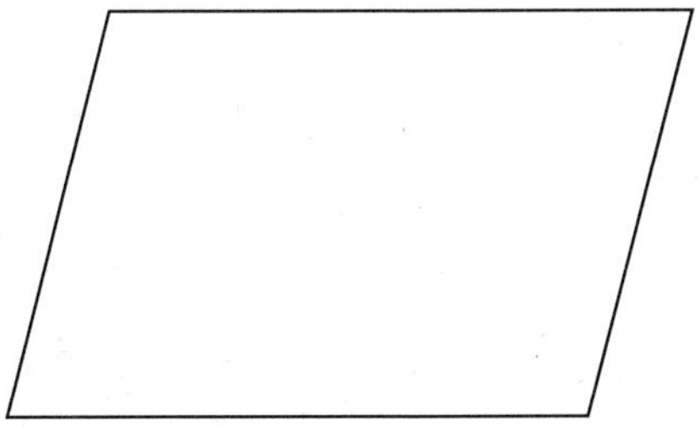

Aufgabe 1

a) Schreibe unter jede Figur den zugehörigen Namen.

b) Markiere in jeder Figur Paare paralleler Seiten.

c) Suche in den Figuren gleich lange Seiten und markiere sie.

d) Kennzeichne gleich große Winkel.

e) Suche rechte Winkel und kennzeichne sie.

f) Zeichne alle Symmetrieachsen ein.

g) Markiere den Mittelpunkt in jeder Figur, falls sie ein Symmetriezentrum hat.

A 5 Die Familie der Vierecke

Aufgabe 2
Vervollständige mit deinen Ergebnissen aus Aufgabe 1 die Tabelle:

Anzahl	Drachenviereck	Parallelogramm	Quadrat	Raute	Rechteck	Trapez
Paare paralleler Seiten						
gleich lange Seiten						
gleich große Winkel						
rechte Winkel						
Symmetrieachsen						
Punktsymmetrie (ja/nein)						

Aufgabe 3
Die Verwandtschaftsbeziehungen der 7 Figuren wollen wir in Form eines Baumes darstellen: Schneide die Figuren unten aus und klebe sie an geeigneter Stelle in den Baum ein.

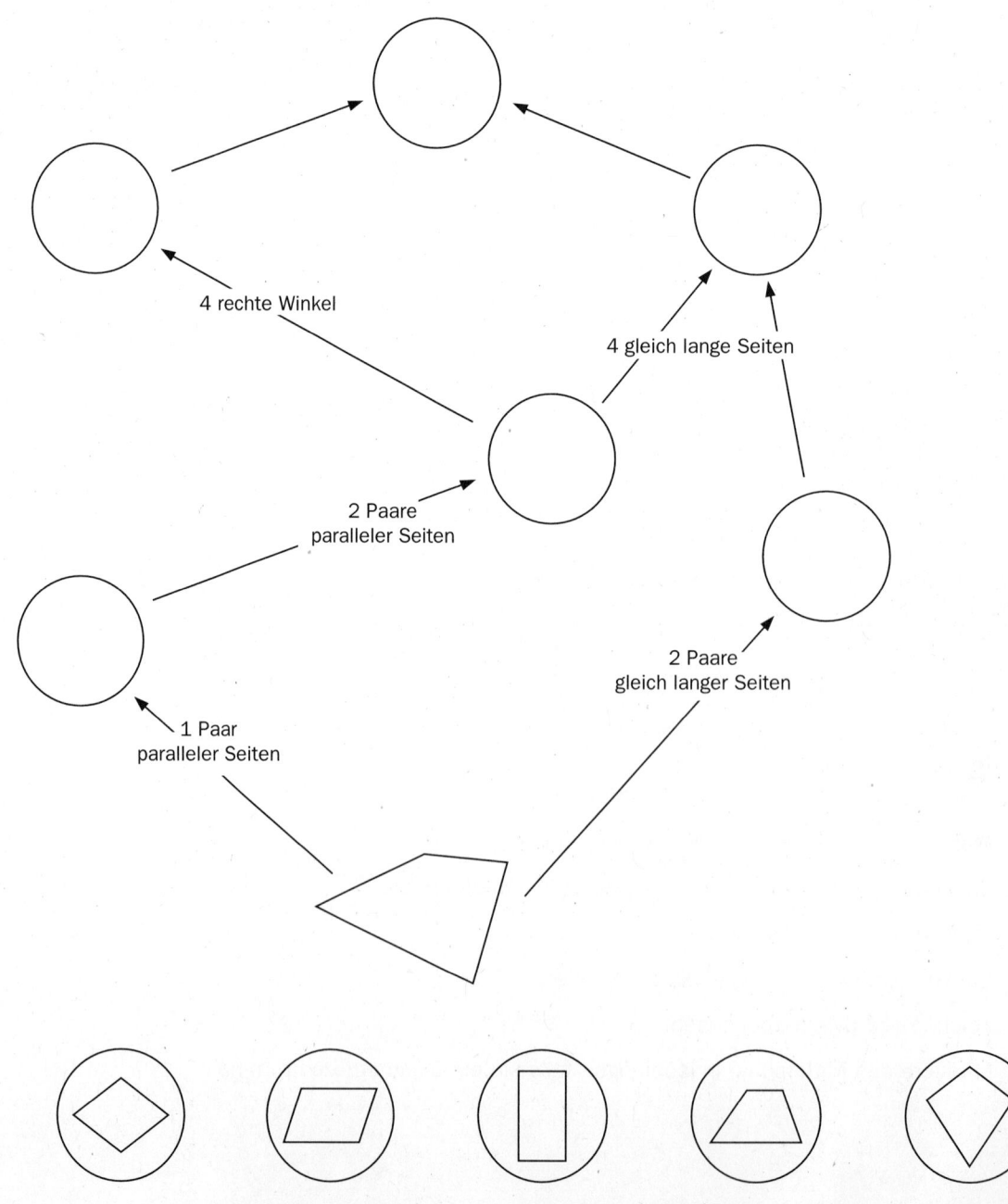

Schräge Spiegelungen A 6

Die Strecke $\overline{AB}$ soll an der Geraden g gespiegelt werden. Dazu werden zunächst die Punkte A und B an g gespiegelt.
Die Bildpunkte A′ und B′ sind jeweils genau so weit von g entfernt wie A und B.
Außerdem sind die Strecken $\overline{AA'}$ und $\overline{BB'}$ senkrecht zu g.
g heißt die Spiegelachse.

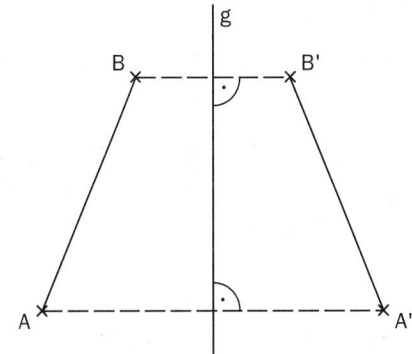

Aufgabe 1
Spiegele die Figuren an der Spiegelachse.

a)

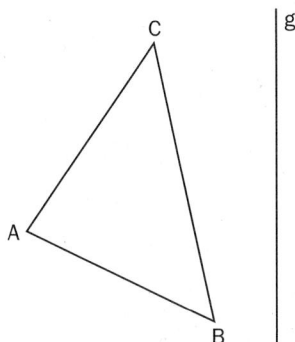

b)

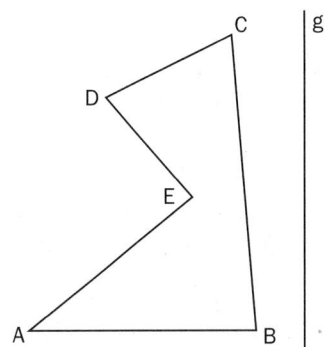

Du lernst nun eine andere Art der Spiegelung kennen.
Hierbei ist die Strecke $\overline{AA'}$ (also Urbild – Bild) nicht mehr senkrecht zur Spiegelachse g, sondern parallel zu einer vorgegebenen Geraden p.
Weiterhin sind aber die Punkte A und A′ gleich weit von g entfernt.
Eine solche Spiegelung heißt **Schrägspiegelung** (oder **Schiefspiegelung**).

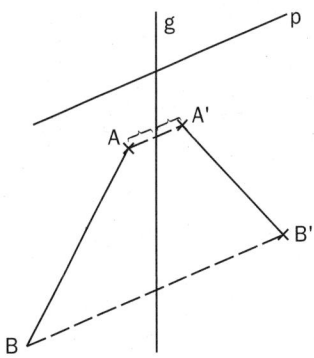

Aufgabe 2
Spiegele die Strecke $\overline{AB}$ an der Geraden g.

a)

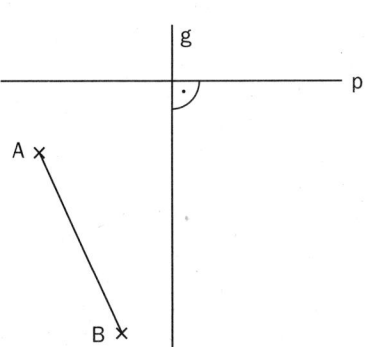

b)

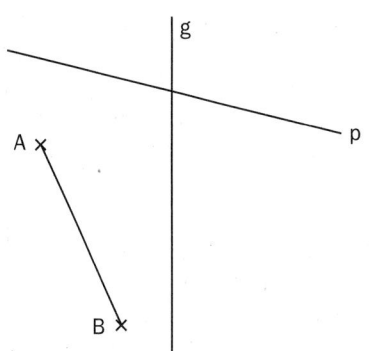

A 6 Schräge Spiegelungen

Aufgabe 3
Spiegele das Dreieck.

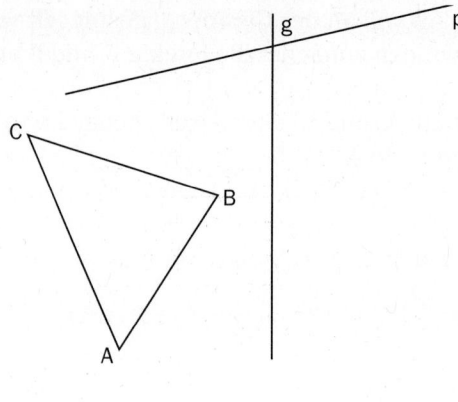

Es gibt Figuren, bei denen du ohne Kenntnis der Schrägspiegelung keine Symmetrieachsen feststellen konntest.

Dieses Dreieck jedoch besitzt, wie du sehen kannst, eine Schrägspiegelachse.

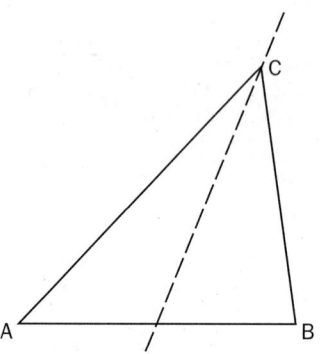

Aufgabe 4
Überlege, ob die Figuren Schrägspiegelachsen besitzen und zeichne sie ein.
a) b) c)

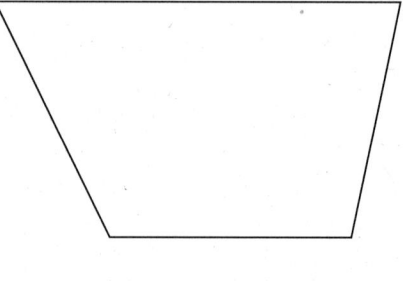
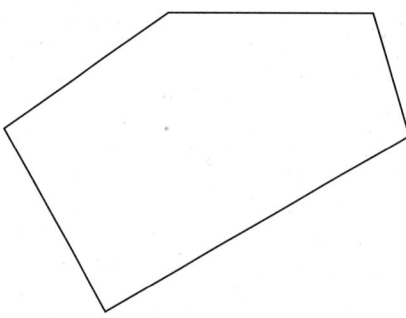
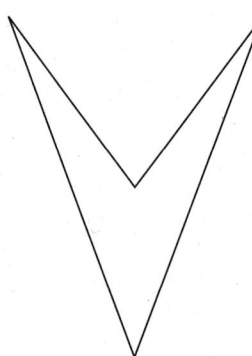

Aufgabe 5
Schreibe in die Tabelle, wie viele senkrechte Spiegelachsen oder Schrägspiegelachsen die Figuren besitzen.

Figur	senkrechte Spiegelachsen	Schrägspiegelachsen
Quadrat	4	0
Rechteck		
Raute		
Parallelogramm		
symmetrisches Trapez		
Drachen		
Trapez		
schiefer Drachen		
allgemeines Viereck		

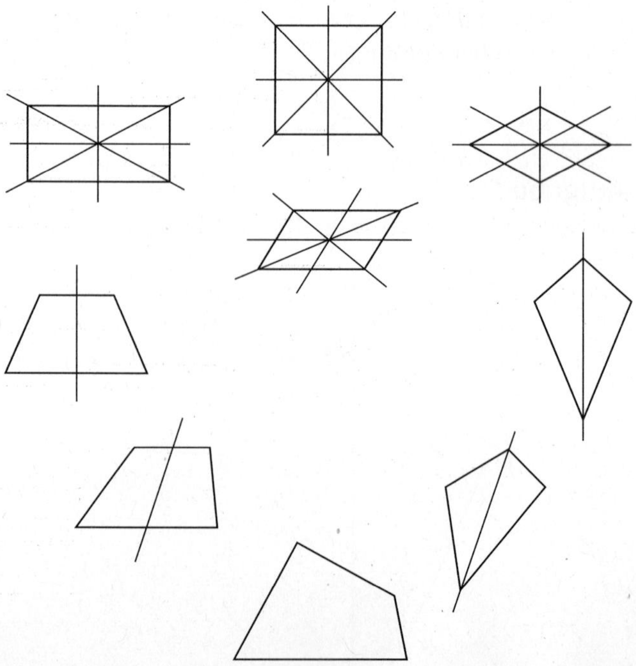

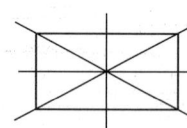
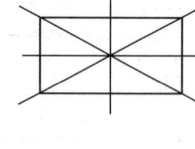
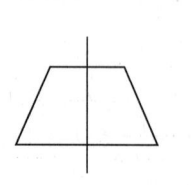
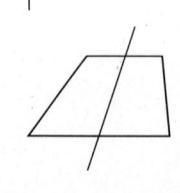
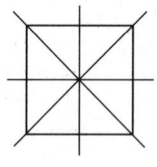
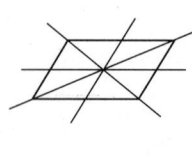
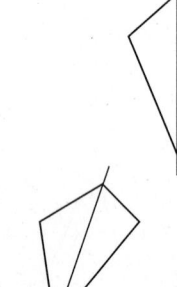
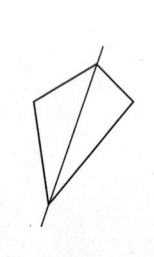

Parkette A 7

Fliesenleger Fugenlos soll für Königin Kunigunde den großen Empfangssaal neu gestalten. Die Fliesen müssen alle gleich sein und es soll sich dabei um regelmäßige Vielecke wie Dreiecke, Vierecke usw. handeln. Die Königin würde es besonders schätzen, wenn die Fliesen möglichst kompliziert in ihrer Form wären. Welche Fliesen könnte er verwenden?

Aufgabe 1

Du siehst hier verschiedene regelmäßige Vielecke. Jedes Vieleck lässt sich in gleichschenklige Dreiecke, so genannte **Bestimmungsdreiecke** zerlegen, von denen jeweils eins schraffiert ist.

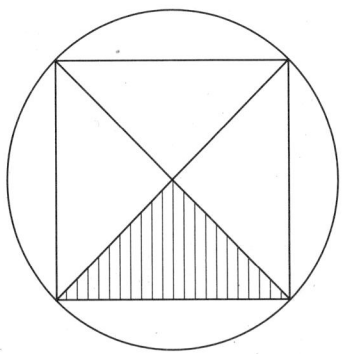 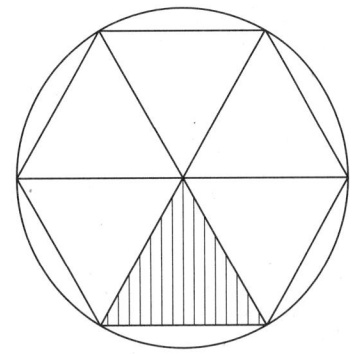 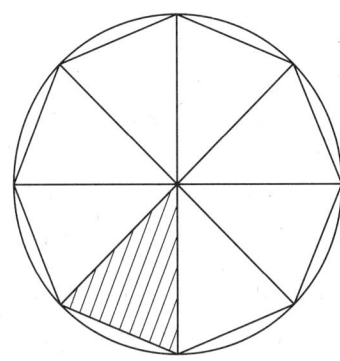

a) Bestimme die Größe des Winkels an der Spitze des jeweiligen Bestimmungsdreiecks.

Quadrat: 360° : 4 = _____

Sechseck: 360° : _ = _____

Achteck: _____

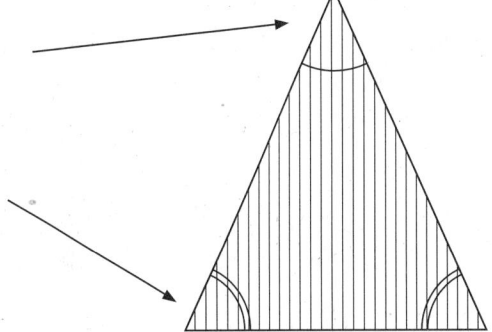

b) Berechne nun die Größe der Basiswinkel:

Quadrat: (180° − 90°) : 2 = _____

Sechseck: (180° − ___) : 2 = _____

Achteck: _____

Mithilfe der Basiswinkel seiner Bestimmungsdreiecke kann man den Innenwinkel eines Vielecks bestimmen. Der Innenwinkel ist nämlich so groß wie die Summe zweier Basiswinkel.

Dasselbe Ergebnis erhält man mit dieser Formel:
(n ist die Anzahl der Ecken des Vielecks)

$$\left(\frac{1}{2} - \frac{1}{n}\right) \cdot 360°$$

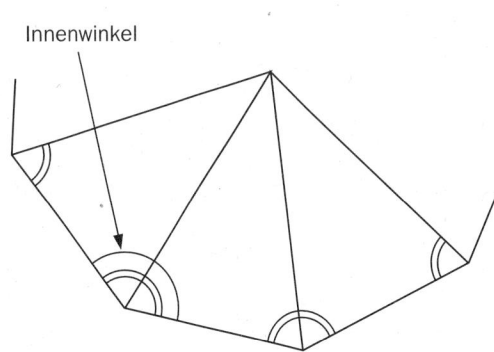

Innenwinkel

Aufgabe 2

Berechne mithilfe dieser Formel die Größe der Innenwinkel der Vielecke.

Quadrat: _____

Sechseck: _____

Achteck: _____

A 7 Parkette

Was hat das alles mit dem Fliesenleger Fugenlos zu tun?
Nun – sein Auftrag war Fliesen zu verwenden, die den Fußboden lückenlos ausfüllen. Dabei sind die Innenwinkel der Vielecke wichtig.

Aufgabe 3
Stelle in dieser Tabelle alle Innenwinkel der Vielecke von n = 3 bis 10 zusammen.

Anzahl der Ecken	3	4	5	6	7	8	9	10
Größe der Innenwinkel		90°						

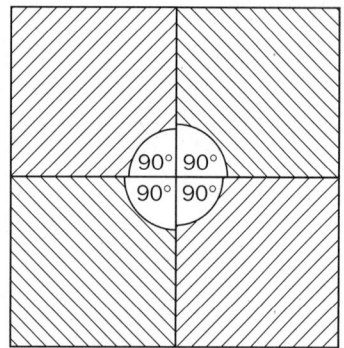
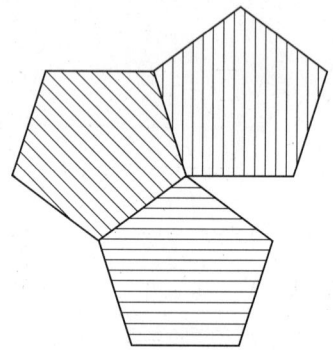

Wie die Abbildungen zeigen, könnte Fliesenleger Fugenlos vier quadratische Fliesen so aneinander legen, dass kein Zwischenraum mehr bleibt. Bei fünfeckigen Fliesen geht das aber offenbar nicht.

Aufgabe 4
a) Berechne den Winkel, der fehlt, wenn 3 fünfeckige Fliesen aneinander gelegt werden.

_____

b) Welcher Winkel wäre zu viel, wenn man 4 fünfeckige Fliesen nähme?

_____

Nun ist Fliesenleger Fugenlos der Lösung des Problems ganz nahe!
Er überlegt: „Wenn ich keine Lücke erhalten will, muss das Produkt aus der Anzahl der Fliesen und dem jeweiligen Innenwinkel genau 360° ergeben. Umgekehrt bedeutet dies, dass die Größe des Innenwinkels ein Teiler von 360° sein muss. Ich brauche also nur noch zu rechnen!"

Aufgabe 5
a) Fülle die Tabelle aus:

Anzahl der Ecken	3	4	5	6	7	8	9	10
Größe der Innenwinkel		90°						
Teiler von 360° (falls ja, wie oft)		4						

b) Wie viele Ecken hat nun „Kunigundes Traumfliese"? _____

Die PLATONischen Körper **A 8**

Aus drei gleichseitigen Dreiecken kann man eine „räumliche Ecke" erzeugen:

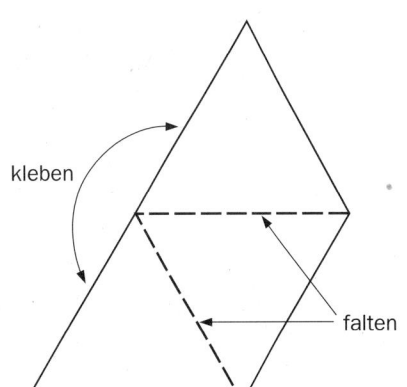

Aufgabe 1
Stelle ebenso räumliche Ecken aus
a) vier und
b) fünf gleichseitigen Dreiecken her, indem du die unten stehenden Figuren ausschneidest und an den gestrichelten Linien faltest.

a)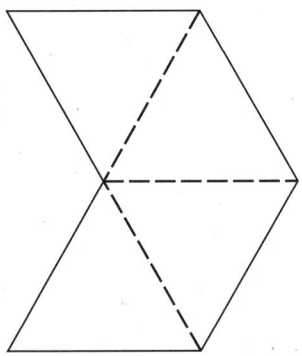

b)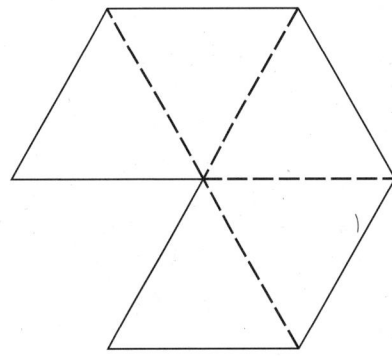

Aus sechs gleichseitigen Dreiecken lässt sich jedoch keine räumliche Ecke herstellen, da die Dreiecke sich lückenlos um einen gemeinsamen Punkt legen lassen.

Auch mit mehr als sechs gleichseitigen Dreiecken ist dies unmöglich.

Warum ist das so?
Hier ist die Antwort!

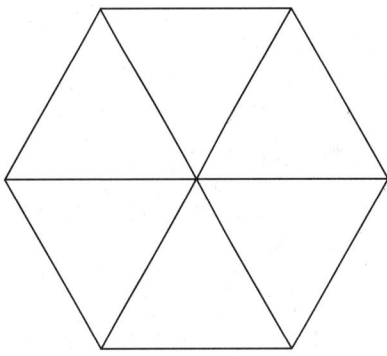

> Eine räumliche Ecke kann man nur dann herstellen, wenn die Summe der Winkel der zusammenstoßenden Vielecke kleiner als 360° ist.

Aufgabe 2
Überprüfe die Aussage für drei Quadrate sowie drei regelmäßige Fünfecke.

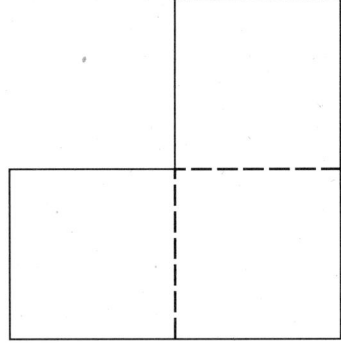
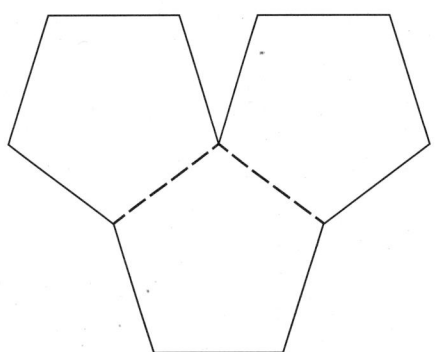

A 8 Die PLATONischen Körper

Räumliche Ecken lassen sich zu Körpern ergänzen.
Setzt man voraus, dass dabei für jeden Körper immer dieselben regelmäßigen Vielecke verwendet werden, so ergeben sich nur 5 Möglichkeiten. Diese fünf Körper nennt man die PLATONischen Körper.

Aufgabe 3
Fülle die Tabelle aus.

Art der Flächen	Anzahl der Flächen für eine räumliche Ecke	entstehender Gesamtwinkel	Name des Körpers
Dreieck	3	3 · 60° = 180°	Tetraeder
Dreieck	4	=	Oktaeder
Dreieck	5	=	Ikosaeder
Quadrat	3	=	Würfel
Fünfeck	3	=	Dodekaeder

Aufgabe 4
Schneide die Netze der 5 PLATONischen Körper aus, falte sie und klebe sie zusammen. (Achtung! Überlege vor dem Ausschneiden, wo du Klebefalze benötigst.)

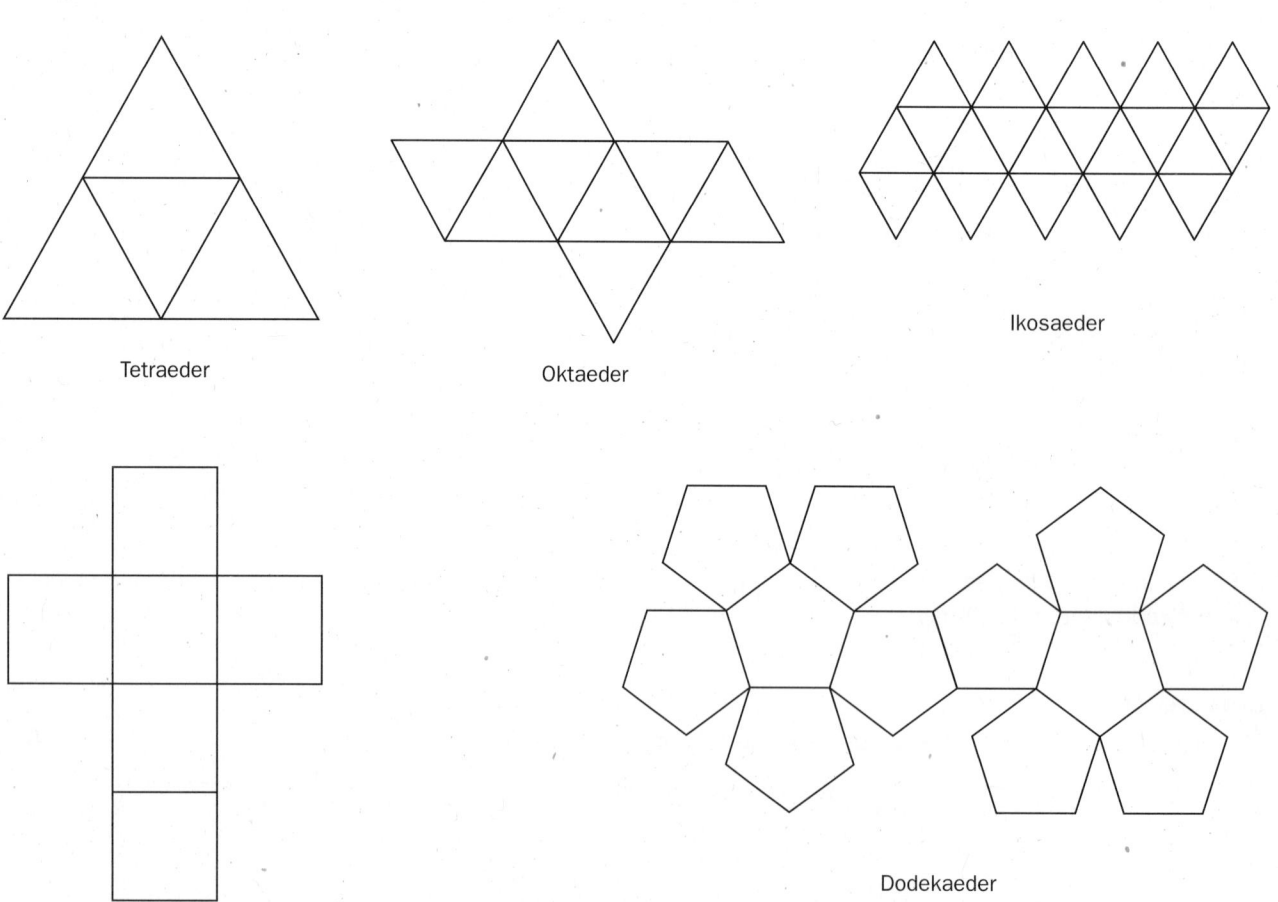

Tetraeder

Oktaeder

Ikosaeder

Würfel

Dodekaeder

Der EULERsche Polyedersatz A 9

Bei Körpern unterscheidet man Flächen, Ecken und Kanten.

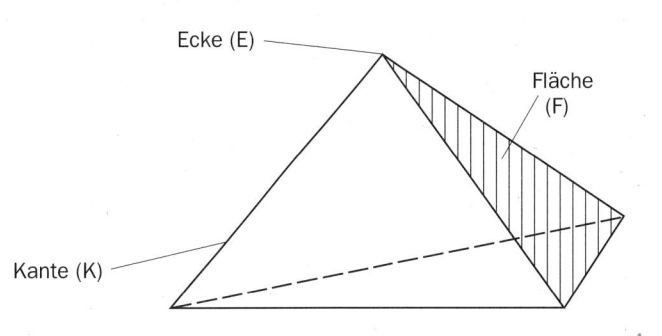

Aufgabe 1

a) Notiere von diesem Quader die Anzahl der Flächen (F), die Anzahl der Ecken (E) und die Anzahl der Kanten (K).

F = _____

E = _____

K = _____

b) Berechne F + E − K. _____

Aufgabe 2

Betrachte die folgenden Körper. Zähle ihre Flächen, Kanten und Ecken. Berechne jeweils F + E − K.

a)

F = _____

E = _____

K = _____

F + E − K = _____

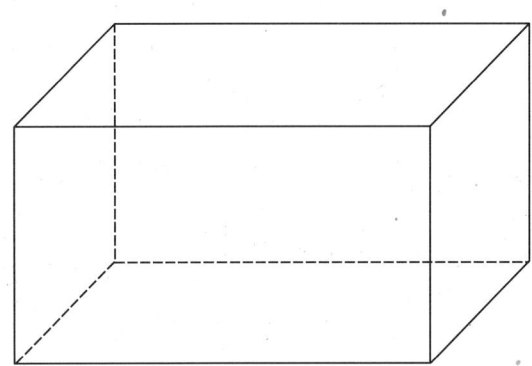

b)

F = _____

E = _____

K = _____

F + E − K = _____

c)

F = _____

E = _____

K = _____

F + E − K = _____

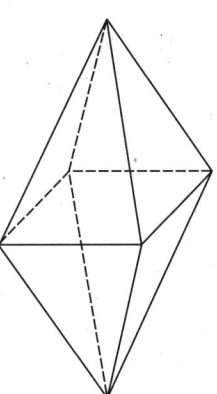

d)

F = _____

E = _____

K = _____

F + E − K = _____

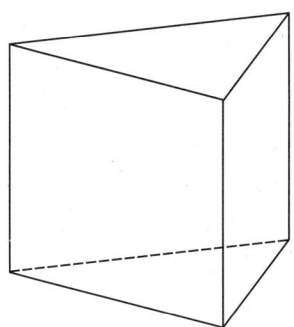

A 9 Der EULERsche Polyedersatz

> Bei den Körpern aus Aufgabe 1 und 2 gilt offenbar immer dieselbe Beziehung
> F + E − K = 2.

Aufgabe 3
Prüfe, ob die obige Aussage auch für diese Körper gilt:

a)

F = _____

E = _____

K = _____

F + E − K = _____

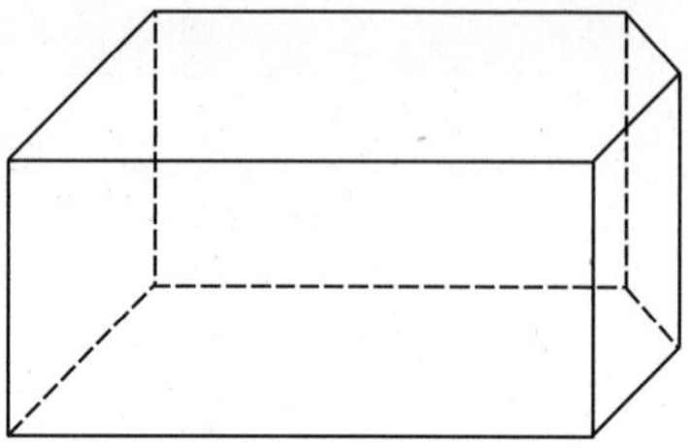

b)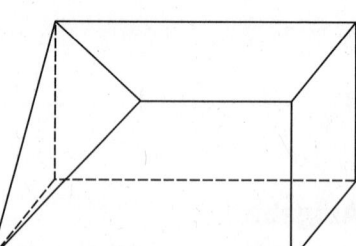

F = _____

E = _____

K = _____

F + E − K = _____

c)

F = _____

E = _____

K = _____

F + E − K = _____

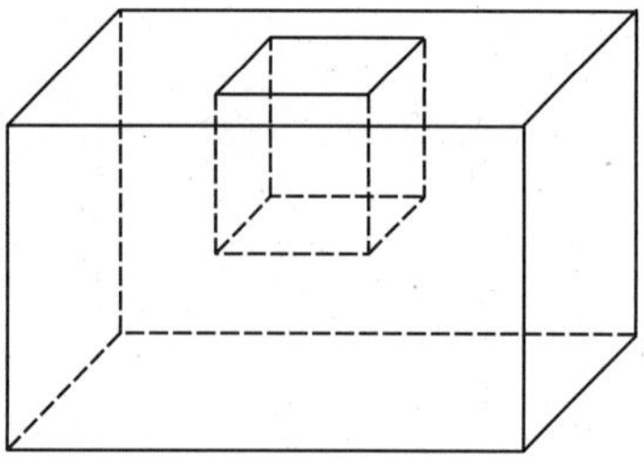

d)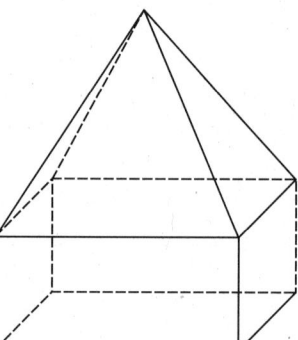

F = _____

E = _____

K = _____

F + E − K = _____

e)

F = _____

E = _____

K = _____

F + E − K = _____

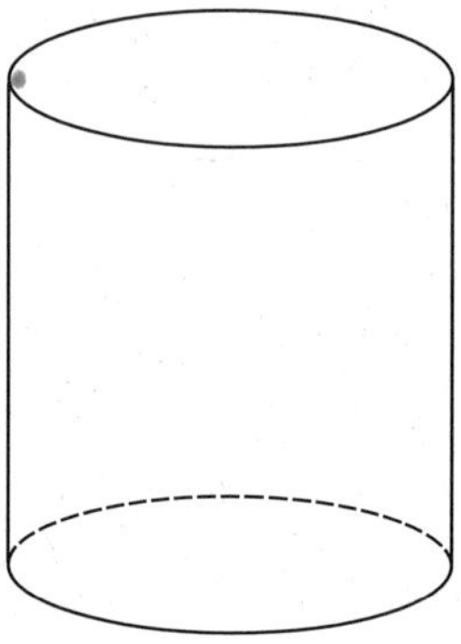

f)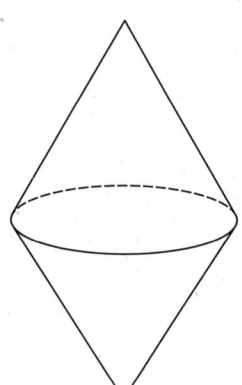

F = _____

E = _____

K = _____

F + E − K = _____

Aufgabe 4
Die oben gemachte Aussage gilt nicht für alle Körper.
Kreuze hier die Eigenschaften an, die ein Körper besitzen muss um die Aussage zu erfüllen:

a) Die Flächen müssen eben sein. ☐

b) Die Flächen dürfen gewölbt sein. ☐

c) Die Kanten müssen Strecken sein. ☐

d) Die Kanten sind beliebige Linien. ☐

e) Der Körper muss konvex sein. ☐

f) In dem Körper darf es Nute, Löcher u. Ä. geben. ☐

Rund um die Uhr **A 10**

Die Nachrichtensprecherin im Radio beendet ihre
Ansage mit den Worten: „Das waren die Nachrichten.
Es ist jetzt sieben Uhr und fünf Minuten."

Wie spät wird es in 100 000 Stunden sein? Oder in
271 273 Stunden?

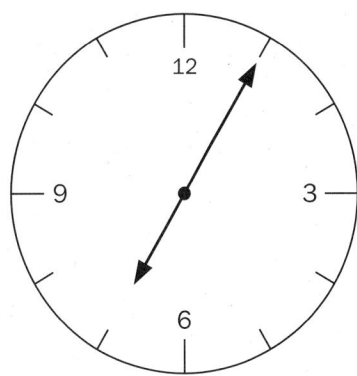

Du weißt, dass die Division zweier natürlicher Zahlen häufig keine natürliche Zahl ergibt:
36 : 4 = 9   aber   37 : 4 = 9,25

Wir können auch schreiben   36 : 4 = 9 Rest 0   und   37 : 4 = 9 Rest 1
und nennen es **Division mit Rest**.

Aufgabe 1
Führe eine Division mit Rest durch.

47 : 5 = _____   100 : 3 = _____

98 : 10 = _____   56 : 12 = _____

Aufgabe 2
Führe auch hier eine Division mit Rest durch. Fällt dir etwas auf?

100 : 12 = _____   1000 : 12 = _____

10 000 : 12 = _____   100 000 : 12 = _____

Das seltsame Ergebnis von Aufgabe 2 legt die Vermutung nahe, dass allgemein gilt:
Dividiert man 100, 1000, 10 000, 100 000, 1 000 000, ... durch 12, so bleibt immer der Rest 4.
Diese Vermutung lässt sich auch beweisen, aber wir verzichten hier auf diesen Beweis.

Bei großen Zahlen können wir den Divisionsrest durch 12 einfach so berechnen:

Beispiel:

	2437 : 12
Tausender:	2, d. h. Rest 2 · 4 = 8
Hunderter:	4, d. h. Rest 4 · 4 = 16, noch einmal durch 12 teilbar 16 = 1 · 12 Rest 4
Zehner und Einer zusammen	37, d. h. 37 = 3 · 12 Rest 1
Summe aller Reste	8 + 4 + 1 = 13, noch einmal durch 12 teilbar 13 = 1 · 12 Rest 1
Ergebnis:	2437 : 12 besitzt den Rest 1

A 10 Rund um die Uhr

Aufgabe 3
Berechne den Rest wie im Beispiel.
Beachte: Wenn ein Rest größer oder gleich 12 ist, muss er noch einmal durch 12 dividiert werden und der dann entstehende neue Rest genommen werden.

a)   1587 : 12

Tausender: ____, d. h. Rest ____ · ____ = ____

Hunderter: ____, d. h. Rest ____ · ____ = ____

Zehner und Einer zusammen   ____, d. h. ____ = ____ · ____ Rest ____

Summe aller Reste   ____ + ____ + ____ = ____

Ergebnis: 1587 : 12 besitzt den Rest ____.

b)   53 902 : 12

Zehntausender: ____, d. h. Rest ____ · ____ = ____

Tausender: ____, d. h. Rest ____ · ____ = ____

Hunderter: ____, d. h. Rest ____ · ____ = ____

Zehner und Einer zusammen   ____, d. h. ____ = ____ · ____ Rest ____

Summe aller Reste   ____ + ____ + ____ + ____ = ____

Ergebnis: 53 902 : 12 besitzt den Rest ____.

Nun zurück zu unserer Eingangsfrage.
„Es ist jetzt 7.05 Uhr."
Wie spät ist es in 100 000 Stunden? –
Ginge die Division durch 12 auf, hätten wir die gleiche Uhrzeit. Aber:
1 000 000 : 12 ergibt den Rest 4.

Also steht der kleine Zeiger 4 Stunden weiter, kurz hinter der 11, und es ist 11.05 Uhr.

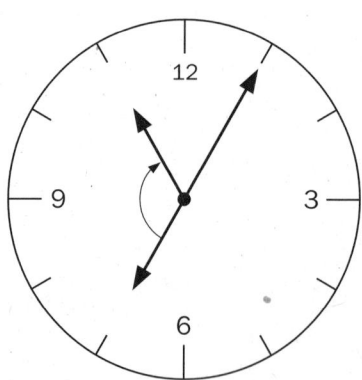

Aufgabe 4
Berechne entsprechend die Uhrzeit nach 271 273 Stunden.

Aufgabe 5
„Es ist jetzt 8.20 Uhr."
Wie spät ist es nach
a) 500 Stunden   b) 22 600 Stunden   c) 904 371 Stunden?

Die FIBONACCI-Zahlen **A 11**

Wir stellen uns eine besondere Rasse von Kaninchen vor.
Das Besondere an diesen possierlichen Nagern ist die Art ihrer Vermehrung. Es bekommt jedes Kaninchenpaar in jedem Monat genau ein Paar Junge. Diese wiederum sind schon im zweiten Monat nach ihrer Geburt geschlechtsreif und bekommen ihrerseits ein Paar Junge. Und so weiter …

Wir wollen das Vermehrungsverhalten unserer Kaninchen genauer untersuchen.

Aufgabe 1
Hier darfst du ausnahmsweise einmal schätzen:
Wie viele Kaninchenpaare sind es nach

a) 6 Monaten _____

b) 10 Monaten? _____

Aufgabe 2
Wir stellen die Vermehrung der Kaninchen als einen Baum dar. Dabei bedeutet jeder Punkt ein Kaninchenpaar.

a) Setze unter „Anzahl" die fehlenden Werte ein.

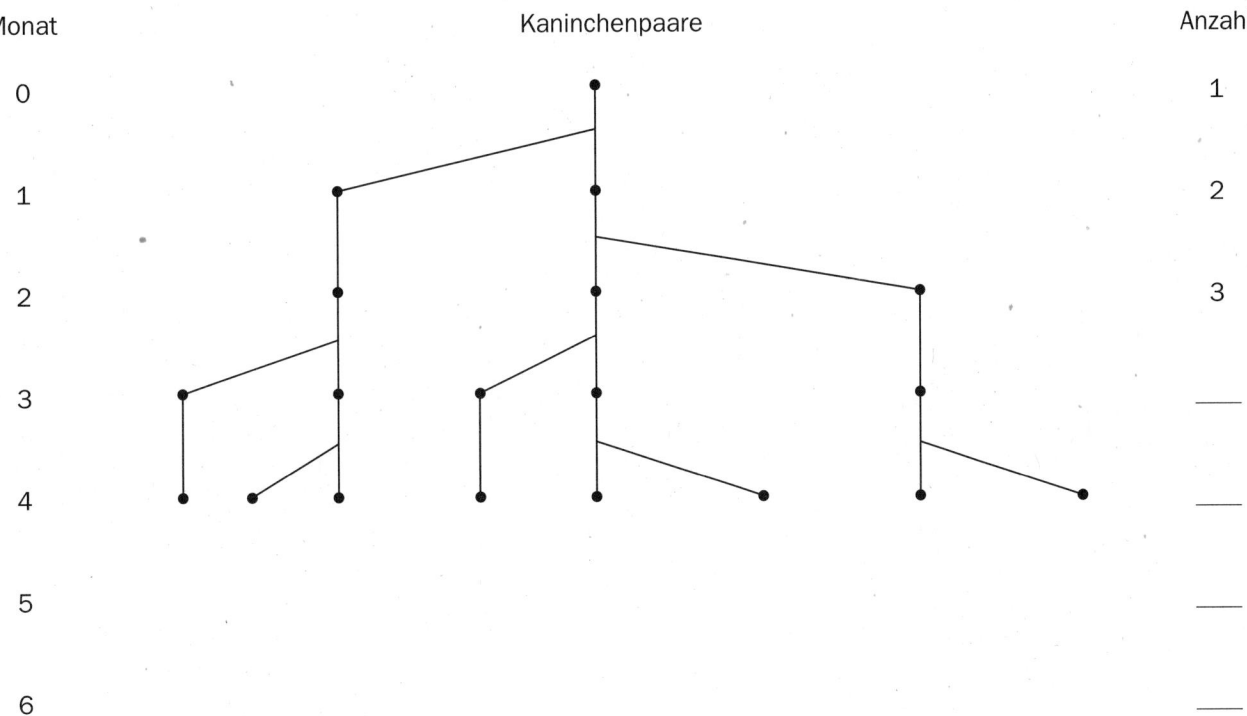

b) Vervollständige das Diagramm für den 5. und den 6. Monat. Wie hattest du geschätzt?
Trage auch hier die Anzahl der Paare insgesamt ein.

A 11 Die FIBONACCI-Zahlen

Betrachtet man die Entwicklung der Anzahl der Kaninchenpaare als eine Zahlenfolge, so lautet sie:
1, 2, 3, 5, 8, 13, 21, ...

Aufgabe 3
Bilde die Differenzen zwischen den benachbarten Folgegliedern:

  2 − 1 = 1

  3 − 2 = ___

  5 − 3 = ___

  8 − 5 = ___

  13 − 8 = ___

  21 − 13 = ___

Aus dem Ergebnis von Aufgabe 3 lässt sich das Bildungsgesetz dieser Zahlenfolge erkennen:

> Eine neue Zahl erhält man dadurch, dass man die beiden vorhergehenden Zahlen addiert,
> zum Beispiel 21 = 13 + 8.
> Wir schreiben allgemein $f_{n+2} = f_{n+1} + f_n$ mit $f_0 = 1$ und $f_1 = 2$.

Aufgabe 4
a) Vervollständige die Tabelle ($f_n + f_{n+1} = f_{n+2}$)

n	0	1	2	3	4	5	6	7	8	9	10
f_n	f_0	f_1	f_2	f_3	f_4						
Zahl	1	2	3	5							

b) Vergleiche die Werte mit deiner Schätzung von Aufgabe 1.

> Diese berühmte Zahlenfolge ist nach LEONARDO VON PISA (etwa 1170–1250) benannt, der sich „FIBONACCI"
> nannte.

Aufgabe 5
Es soll weiterhin das Bildungsgesetz der FIBONACCI-Folge gelten.
Durch Verändern der beiden Anfangswerte ergeben sich neue Zahlenfolgen. Setze die Folgen fort:

a) 1, 3, 4, ___, ___, ___, ___, ___, ___

b) 1, 4, 5, ___, ___, ___, ___, ___, ___

c) 2, 2, 4, ___, ___, ___, ___, ___, ___

d) 0, 3, 3, ___, ___, ___, ___, ___, ___

Zahlensiebe **A 12**

Gegeben sei die Folge der natürlichen Zahlen bis 20.

1 2 3 4 5 6 7 8 9 10 11 12 13 14 15 16 17 18 19 20

Aufgabe 1
a) Streiche in der Zahlenfolge alle Zahlen durch, die durch 2 teilbar sind, außer der 2 selbst.
b) Notiere hier alle Zahlen, die du durchgestrichen hast:

_____

c) Streiche nun alle Zahlen durch, die durch 3 teilbar sind, außer der 3 selbst.
d) Notiere hier alle Zahlen, die du in c) durchgestrichen hast, und die nicht schon in a) durchgestrichen wurden.

_____

e) Streiche nun alle Zahlen durch, die durch 5 teilbar sind, außer der 5 selbst. Was fällt dir auf?

_____

Wir wollen nun die Zahlenmenge vergrößern und das „Durchstreichverfahren" etwas verändern.

1	2	3	4	5	6	7	8	9	10
11	12	13	14	15	16	17	18	19	20
21	22	23	24	25	26	27	28	29	30
31	32	33	34	35	36	37	38	39	40
41	42	43	44	45	46	47	48	49	50
51	52	53	54	55	56	57	58	59	60
61	62	63	64	65	66	67	68	69	70
71	72	73	74	75	76	77	78	79	80
81	82	83	84	85	86	87	88	89	90
91	92	93	94	95	96	97	98	99	100

Aufgabe 2
a) Am Anfang steht die 1. Streiche sie durch.
b) Am Anfang steht jetzt die 2. Kreise sie ein. Streiche ausgehend von der 2 jede zweite Zahl durch.
c) Die 2 ist nun erledigt. Als nächste Zahl steht die 3 da. Kreise sie ein. Streiche ausgehend von der 3 jede dritte Zahl durch.
d) Nun steht als Nächstes nach der 3 die 5 da. Kreise sie ein. Streiche von 5 ausgehend jede fünfte Zahl durch.
e) Ergänze: Nach der 5 steht als nächste Zahl die ____ da. Streiche ausgehend von der ____ jede ____ Zahl durch.
f) Versuche, das Verfahren mit der nächsten Zahl fortzuführen. Welche Zahlen musst du diesmal durch-

   streichen? _____

   Welche davon wurden bisher noch nicht durchgestrichen? _____

A 12   Zahlensiebe

Du siehst hier die Folge der Primzahlen zwischen 1 und 100:

2, 3, 5, 7, 11, 13, 17, 19, 23, 29, 31, 37, 41, 43, 47, 53, 59, 61, 67, 71, 73, 79, 83, 89, 97

Aufgabe 3
Vergleiche die nicht durchgestrichenen Zahlen aus Aufgabe 2 mit den Primzahlen. Dazu gehören auch die eingekreisten Zahlen.

Du hast – ohne es zu ahnen – mithilfe eines mathematischen Siebes aus der Folge der natürlichen Zahlen die Folge der Primzahlen herausgesiebt. Dieses Verfahren wird nach seinem Erfinder das „Sieb des ERATOSTHENES", genannt. ERATOSTHENES lebte im 3. Jh. v. Chr. in Alexandria.

Verändert man das Sieb ein wenig, so werden andere Zahlen ausgesiebt.
Diejenigen, die übrig bleiben, nennt man die „glücklichen Zahlen".

1	2	3	4	5	6	7	8	9	10
11	12	13	14	15	16	17	18	19	20
21	22	23	24	25	26	27	28	29	30
31	32	33	34	35	36	37	38	39	40
41	42	43	44	45	46	47	48	49	50
51	52	53	54	55	56	57	58	59	60
61	62	63	64	65	66	67	68	69	70
71	72	73	74	75	76	77	78	79	80
81	82	83	84	85	86	87	88	89	90
91	92	93	94	95	96	97	98	99	100

Aufgabe 4
a) Streiche von 1 zählend jede zweite Zahl durch.
b) Wir betrachten nun nur noch die Zahlen, die aus a) übrig geblieben sind. Das ist nach der 1 als nächste Zahl die 3. Streiche von 1 zählend jede dritte Zahl der übrig gebliebenen durch.
c) Wir betrachten nun nur noch die Zahlen, die nach b) noch übrig sind. Nach der 3 steht als nächste Zahl die 7 da. Streiche von 1 zählend jede siebte Zahl der verbliebenen Zahlen durch.
d) Setze das Verfahren so lange fort, bis keine Zahl mehr durchgestrichen wird.
e) Notiere die Folge der „glücklichen Zahlen".

_____

_____

Aufgabe 5
a) Wie viele Zahlen umfasst die Folge der

   glücklichen Zahlen   _____

   Primzahlen   _____
   zwischen 1 und 100?

b) Schreibe die „glücklichen Primzahlen" auf, also die Zahlen, die gleichzeitig Primzahlen und glückliche Zahlen sind.

_____

Gibt es unendlich viele Primzahlen? A 13

Primzahlen sind Zahlen, die genau zwei Teiler besitzen, nämlich 1 und sich selbst.

Beispiel:
7 besitzt nur die Teiler 1 und 7, ist also eine Primzahl, 15 besitzt neben 1 und 15 noch die Teiler 3 und 5, ist also keine Primzahl.
(Übrigens: 1 ist keine Primzahl, weil sie nur einen Teiler besitzt!)

Aufgabe 1
Finde die Primzahlen heraus:

_____

_____

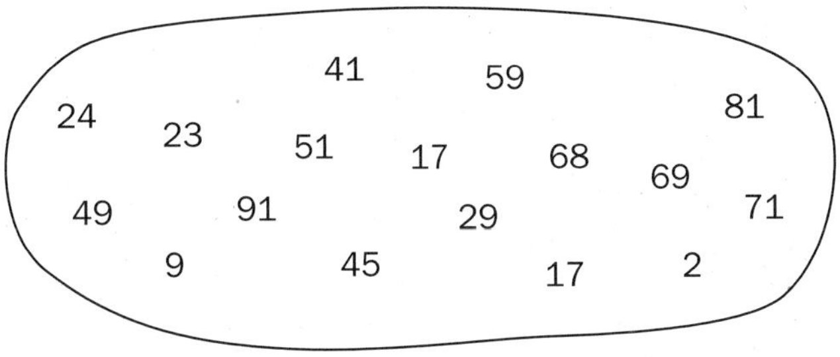

Zahlen in der Wolke: 24, 23, 41, 59, 81, 51, 17, 68, 69, 49, 91, 29, 71, 9, 45, 17, 2

Aufgabe 2
Markiere alle Primzahlen auf dem Zahlenstrahl.

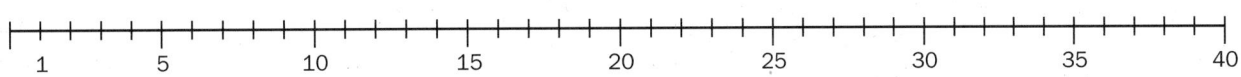

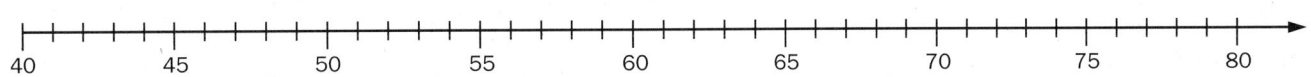

Wie du in Aufgabe 2 sehen kannst, sind die Primzahlen nicht regelmäßig auf dem Zahlenstrahl verteilt. Manchmal liegen zwei Primzahlen dicht beieinander (wie 17 und 19 oder 59 und 61), manchmal gibt es eine größere Lücke, bis wieder eine Primzahl kommt (wie zwischen 47 und 53 oder 71 und 79).

Daraus ergibt sich die Frage: Kann die Lücke einmal so groß werden, dass danach keine Primzahl mehr kommt?

Anders formuliert: Gibt es eine größte Primzahl?

Aufgabe 3
Berechne folgende Produkte:

a) $2 \cdot 3 \cdot 5 = $ _____

b) $2 \cdot 3 \cdot 5 \cdot 7 = $ _____

c) $2 \cdot 3 \cdot 5 \cdot 7 \cdot 11 = $ _____

d) $2 \cdot 3 \cdot 5 \cdot 7 \cdot 11 \cdot 13 = $ _____

Bei den Produkten aus Aufgabe 3 fällt auf, dass immer die jeweils ersten drei, vier, fünf oder sechs Primzahlen als Faktoren vorkommen. Allgemein könnte man auch schreiben
$2 \cdot 3 \cdot 5 \cdot 7 \cdot \ldots \cdot p_n$, wenn p_n die n-te Primzahl darstellt.

A 13 Gibt es unendlich viele Primzahlen?

Im Folgenden wollen wir schreiben $2 \cdot 3 \cdot 5 \cdot 7 \cdot \ldots \cdot p_n = P_n$.

Für die Beantwortung der oben gestellten Frage ist nun die Zahl $P_n + 1$ von entscheidender Bedeutung. Dabei gilt immer:
$(P_n + 1) : p_n$ ergibt den Rest 1 („kann niemals aufgehen").

Aufgabe 4
a) Untersuche, ob $P_4 + 1 = 211$ eine Primzahl ist. Es reicht dazu nacheinander die folgenden Primteiler auszuprobieren: 11 13 17
b) Untersuche ebenso $P_6 + 1 = 30\,031$.
   Probiere aus: 17 19 23 29 31 37 41 43 47 53 59 61

Aufgabe 5
a) Zerlege in die Primfaktoren: $P_6 + 1 = 30\,031 =$ _____ · _____
b) Vergleiche die Primfaktoren von P_6 mit denen von $P_6 + 1$ (größer/kleiner).

   Die Primfaktoren von $P_6 + 1$ sind _____ als die von P_6.

Aufgaben 4 und 5 zeigen:
   $P_n + 1$ ist entweder selbst eine Primzahl
oder $P_n + 1$ besitzt größere Primfaktoren als p_n.

Mithilfe dieses Ergebnisses können wir nun indirekt beweisen, dass es keine größte Primzahl gibt.

Aufgabe 6
Bestätige die Beweisführung am Beispiel n = 7:

n allgemein	n = 7
Annahme: Es gäbe eine größte Primzahl p_n.	$p_7 =$ _____ sei die größte Primzahl.
Wir bilden $P_n = 2 \cdot 3 \cdot 5 \cdot 7 \cdot \ldots \cdot p_n$	$P_7 =$ _____
und $P_n + 1$.	$P_7 + 1 =$ _____
$P_n + 1$ ist nicht durch eine der Primzahlen 2, 3, 5, 7, …, p_n teilbar.	
Folglich muss $P_n + 1$ entweder selbst eine Primzahl sein oder einen größeren Primteiler als p_n besitzen.	$P_7 + 1$ ist keine Primzahl, sie ist teilbar durch _____.
Beides ist jedoch ein Widerspruch zu der Annahme, p_n sei die größte aller Primzahlen. Folglich war die Annahme falsch und es gilt: Es gibt keine größte Primzahl!	_____ ist größer als 17.

Zahlen aus Figuren A 14

Die Punkte sind jeweils in der Form eines Dreiecks angeordnet.

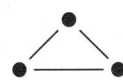 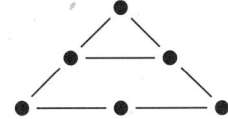 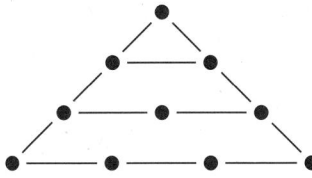

Aufgabe 1
a) Notiere die jeweilige Anzahl der Punkte unter den Figuren.
b) Kann man auch 5 oder 12 Punkte so in Form eines Dreiecks anordnen?

Die Zahlen 1, 3, 6, 10, ... nennt man Dreieckszahlen, da man eine entsprechende Anzahl von Punkten in Form eines Dreiecks anordnen kann.
Man kann Dreieckszahlen aber auch berechnen ohne die Punkte zu zeichnen:

$$\begin{aligned} 1 &= 1 \\ 1+2 &= 3 \\ 1+2+3 &= 6 \\ 1+2+3+4 &= 10 \end{aligned}$$

Aufgabe 2
a) Bilde die nächsten beiden Dreieckszahlen.   _____ _____

b) Wie lautet die zehnte Dreieckszahl?   _____

Offenbar kann man die n-te Dreieckszahl dadurch bestimmen, dass man die Zahlen $1 + 2 + 3 + ... + n$ addiert. Für diese Summe gibt es eine Formel, die der berühmte Mathematiker und Astronom CARL FRIEDRICH GAUSS (1777–1855) bereits als Schüler herausgefunden hat.

Die Formel lautet: $1 + 2 + 3 + ... + n = \dfrac{n \cdot (n+1)}{2}$.

Aufgabe 3
Überprüfe die Gültigkeit der Formel für n = 4, 10, 200.

_____

_____

_____

Carl Friedrich Gauß

A 14 Zahlen aus Figuren

Hier siehst du, dass sich Punkte auch in Form von Vierecken (genauer: Quadraten) anordnen lassen. Wir nennen sie deshalb Viereckszahlen.

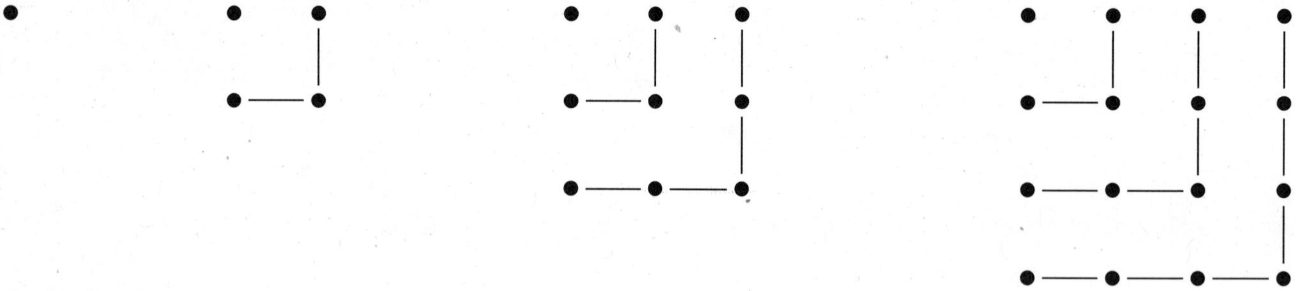

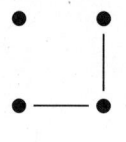

Aufgabe 4

a) Zähle die Punkte und notiere hier die ersten 4 Viereckszahlen.

_____ _____ _____ _____

b) Viereckszahlen kann man so berechnen. Vervollständige:

$$1 = 1$$
$$1 + 3 = 4$$
$$1 + 3 + 5 = 9$$
$$1 + 3 + 5 + 7 = \_\_\_$$

__ + __ + __ + __ + __ = ___

_____ = ___

c) Die Viereckszahlen sollten dir eigentlich bekannt vorkommen. Welchen anderen Namen haben sie noch?

_____

Aufgabe 5

Du siehst hier Figuren, die die Folge der Fünfeckszahlen darstellen.

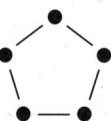
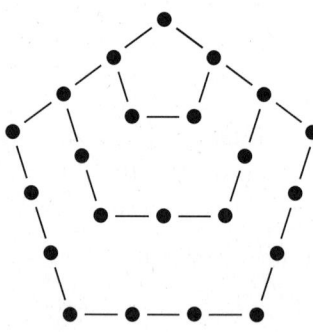

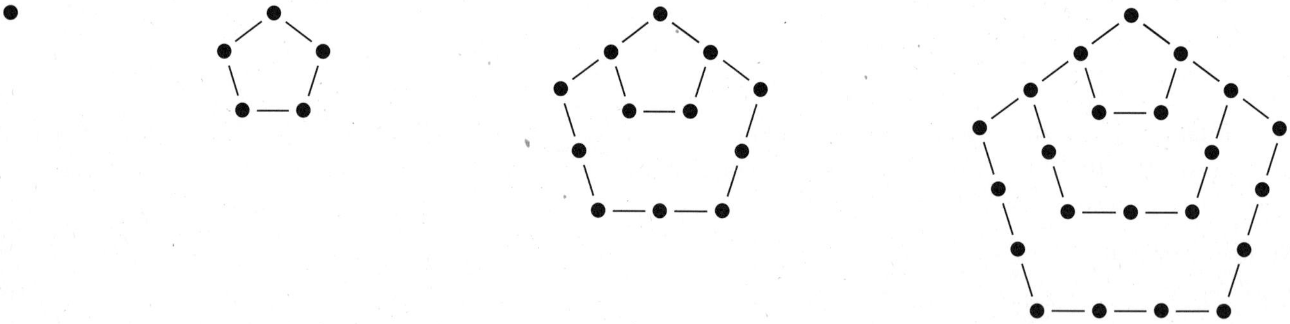

a) Zähle die Punkte und nenne die ersten 4 Fünfeckszahlen. ____, ____, ____, ____

b) Wie lautet die fünfte Fünfeckszahl? ____

Aufgabe 6

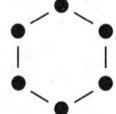
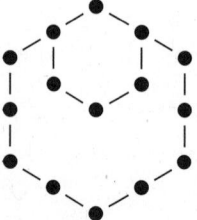
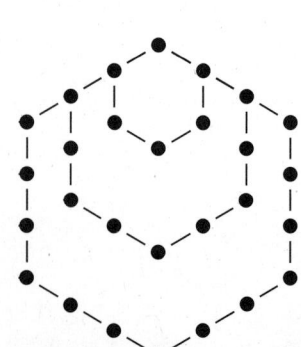

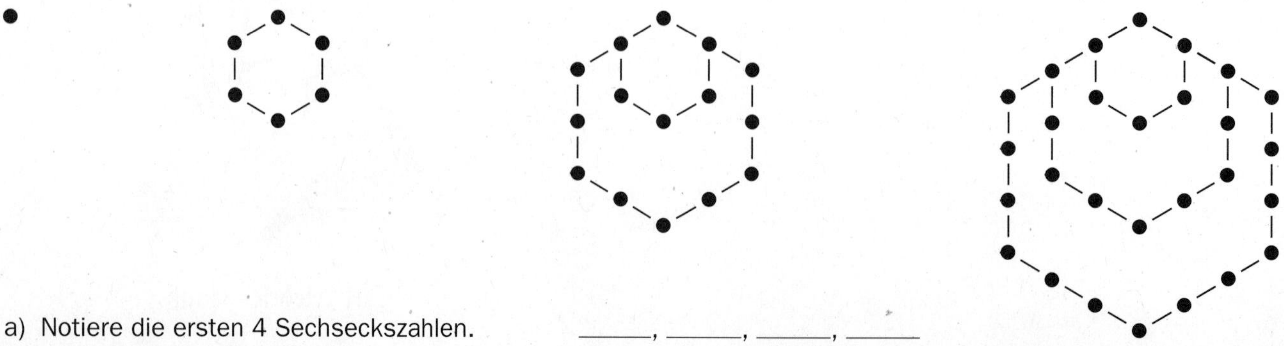

a) Notiere die ersten 4 Sechseckszahlen. ____, ____, ____, ____

b) Wie lautet die fünfte Sechseckszahl? ____

Zahlentheoretische Funktionen A 15

> Als **Teiler** einer natürlichen Zahl n bezeichnet man jede natürliche Zahl, die
> - ungleich Null ist und
> - keinen Rest lässt, wenn man n durch sie teilt.
>
> *Beispiele:*
> n = 6: Teiler sind 1, 2, 3 und 6
> n = 15: Teiler sind 1, 3, 5 und 15
> n = 29: Teiler sind 1 und 29

Aufgabe 1
Gib alle Teiler an von

a) 8: _____

b) 24: _____

c) 39: _____

d) 75: _____

Aufgabe 2
Nenne Zahlen, die

a) genau einen Teiler besitzen _____

b) genau zwei Teiler besitzen _____

> Man bezeichnet die **Anzahl der Teiler** einer natürlichen Zahl n mit d(n).
> *Beispiel:*
> Es ist d(6) = 4, weil 6 vier Teiler besitzt.

Aufgabe 3
Bestimme: a) d(8) = _____   b) d(100) = _____

c) d(29) = _____   d) d(63) = _____

> Die Funktion f: n ↦ d(n) ordnet jeder natürlichen Zahl n die Anzahl ihrer Teiler d(n) zu.
> Sie heißt die **Teilerfunktion**.

Aufgabe 4
Vervollständige die Wertetabelle der Teilerfunktion.

n	1	2	3	4	5	6	7	8	9	10	11	12
d(n)												

n	13	14	15	16	17	18	19	20	21	22	23	24
d(n)												

A 15 Zahlentheoretische Funktionen

Aufgabe 5
Zeichne den Graphen der Teilerfunktion f: n ↦ d(n) für $1 \leq n \leq 24$.
Überlege, ob du die einzelnen Punkte miteinander verbinden darfst.

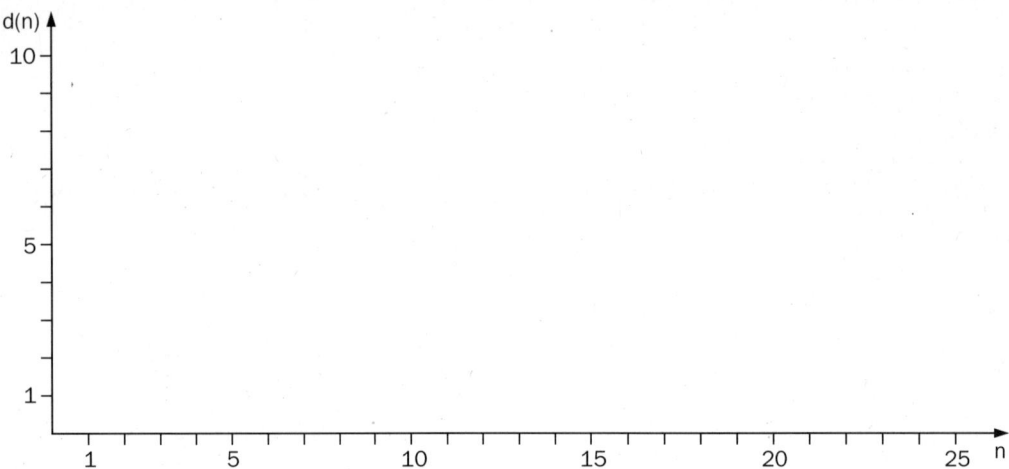

Die Funktion f: n ↦ σ(n)   (σ „Sigma" ist der griechische Buchstabe s)
ordnet jeder natürlichen Zahl n die Summe ihrer Teiler zu.
Beispiele:
σ(6) = 1 + 2 + 3 + 6 = 12
σ(10) = 1 + 2 + 5 + 10 = 18
Sie heißt die **Teilersummenfunktion**.

Aufgabe 6
Bestimme: a) σ(8) = _____

b) σ(15) = _____

c) σ(29) = _____

d) σ(99) = _____

Aufgabe 7
Für welche Zahlen gilt σ(n) = n + 1?

Man kennt bisher nur wenige Zahlen, für die gilt σ(n) = 2n. Derartige Zahlen heißen **vollkommene Zahlen**. Schon im Altertum hat man sich mit ihnen beschäftigt.

Aufgabe 8
Vervollständige die Folge der vollkommenen Zahlen um die beiden kleinsten.

_____, _____, 496, 8128, 33 550 336, 8 589 869 056, 137 438 691 328, ...

Hinweis: Beide Zahlen sind kleiner als 50.

Man kennt bis heute etwa 30 vollkommene Zahlen.

Stellenwertsysteme A 16

Wie rechnet eigentlich ein Computer?

In unserem Dezimalsystem gibt es 10 verschiedene Zeichen, Ziffern genannt:
0, 1, 2, 3, 4, 5, 6, 7, 8, 9.
Man kommt aber auch mit zwei Zeichen aus: 0 und I
Dabei symbolisieren diese Zeichen zwei unterschiedliche Zustände. So bedeutet etwa bei einer Lampe:
- 0   die Lampe ist aus und
- I   die Lampe ist an.

Entsprechendes gilt für Ladungszustände in elektronischen Schaltungen, wie wir sie in Computern finden können.

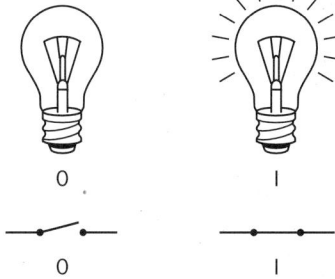

Aufgabe 1
Notiere die Zustände der Lampen bzw. Schalter:

a)

b)

Aufgabe 2
Vervollständige die Zeichnungen so, dass sich die zugehörigen Zustände ergeben.

a)

    I   0   0   I

b)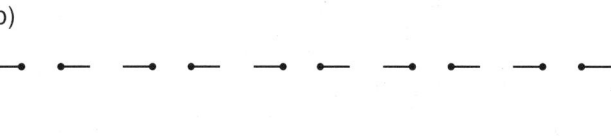

  I   I   0   I   0

Beim Dezimalsystem kommt es immer darauf an, an welcher Stelle eine Ziffer steht. So bedeutet
in der Zahl 5**3**28 die Ziffer 3 den **Hunderter**, also 300,
in der Zahl 5**2**38 jedoch den **Zehner**, also 30.
Einer, Zehner, Hunderter, Tausender usw. schreibt man auch als Zehnerpotenzen.
Beispiel:
$1 = 10^0, \quad 10 = 10^1, \quad 100 = 10^2, \quad 1000 = 10^3.$

Dann ist $5328 = 5 \cdot 1000 + 3 \cdot 100 + 2 \cdot 10 + 8 \cdot 1$
$ = 5 \cdot 10^3 + 3 \cdot 10^2 + 2 \cdot 10^1 + 8 \cdot 10^0.$

A 16 Stellenwertsysteme

Aufgabe 3
Zerlege wie im Beispiel in eine Summe von Zehnerpotenzen

a) 6145

   = 6 · 1000 + 1 · _____ + ___ · _____ + ___ · _____

   = 6 · 10^3 + 1 · _____ + ___ · _____ + ___ · _____

b) 9104

   = ___ · _____ + ___ · _____ + ___ · _____ + ___ · _____

   = ___ · _____ + ___ · _____ + ___ · _____ + ___ · _____

Statt der Basis 10 wählt man nun im Dualsystem die Basis 2. Das hat zunächst zur Folge, dass wir nicht mehr von Zehnern, Hundertern, Tausendern, sondern von Zweiern, Vierern, Achtern, Sechzehnern sprechen müssen.

Aufgabe 4
Ergänze die Tabelle der Zweierpotenzen.

2^0	2^1	2^2	2^3	2^4	2^5	2^6	2^7	2^8	2^9	2^{10}
1	2									

Wir wollen nun Zahlen aus dem Dezimalsystem ins Dualsystem umwandeln:
Beispiel:
$21 = 1 · 16 + 0 · 8 + 1 · 4 + 0 · 2 + 1 · 1$
   $= 1 · 2^4 + 0 · 2^3 + 1 · 2^2 + 0 · 2^1 + 1 · 2^0$
   $= 10101$

Aufgabe 5
Wandele entsprechend ins Dualsystem um.

a) 13 = ___ · 8 + ___ · 4 + ___ · ___ + ___ · ___

   = ___ · 2^3 + ___ · 2^2 + ___ · ___ + ___ · ___

   = ___

b) 39 = ___ · ___ + ___ · ___ + ___ · ___ + ___ · ___ + ___ · ___ + ___ · ___

   = ___ · ___ + ___ · ___ + ___ · ___ + ___ · ___ + ___ · ___ + ___ · ___

   = ___

Aufgabe 6
Wandele aus dem Dualsystem ins Dezimalsystem um.

11010 = 1 · 2^4 + 1 · 2^3 + ___ · 2^2 + ___ · ___ + ___ · ___

   = 1 · 16 + 1 · 8 + ___ · 4 + ___ · ___ + ___ · ___

   = ___

Rechnen im Dualsystem **A 17**

Du weißt, wie man 3865 + 6592 rechnet, aber wie ist es im Dualsystem mit 101101 + 11101?

Aufgabe 1
Berechne schriftlich 3865 + 6592.

```
   3 8 6 5
 + 6 5 9 2
 ─────────
```

Wichtig beim schriftlichen **Addieren** ist der **Übertrag**.
  Bei 5 + 2 = 7 gibt es keinen Übertrag, wohl aber bei 6 + 9 = 15.

Im Dualsystem gibt es viel weniger Möglichkeiten, verschiedene Ziffern zu addieren und nur in einem Fall kommt es, wie die Tabelle zeigt, zu einem Übertrag, nämlich bei 1 + 1 = 10.

+	0	1
0	0	1
1	1	10

Aufgabe 2

Addiere: a) 1 + 10 = _____ b) 101 + 10 = _____

c) 100 + 1 = _____ d) 10 + 100 = _____

e) 101 + 1 = _____ f) 1001 + 1 = _____

g) 1 + 1 + 1 = _____

Wie man nun größere Dualzahlen miteinander addiert, zeigt das folgende *Beispiel*:

```
    1 0 1 1 0 1
  +   1 1 1 0 1
    1 1 1   1
  ─────────────
  1 0 0 1 0 1 0
```

Aufgabe 3
Vollziehe die Rechnung des Beispiels nach:

Einer: 1 + 1 = _____ ,   Übertrag _____

Zweier: 0 + 0 + _____ = _____ , Übertrag 0

Vierer: 1 + 1 = _____ ,   Übertrag _____

Achter: 1 + 1 + _____ = _____ , Übertrag _____

Sechzehner: 0 + 1 + _____ = _____ , Übertrag _____

Zweiunddreißiger: 1 + _____ = _____ ,   Übertrag _____

Vierundsechziger: _____

A 17 Rechnen im Dualsystem

Aufgabe 4
Addiere im Dualsystem.

a) 1 1 0 1 0 1 1
  +   1 1 0 1 0 1
  ———————

b) 1 0 0 1 0 0 1
  +   1 0 0 1 1
  ———————

c) 1 0 1 0 1 0 1 0 1
  +   1 1 0 0 0 0 1 1
  ———————

Das schriftliche **Multiplizieren** in unserem Dezimalsystem geht so:

$$\begin{array}{r} 32 \cdot 54 \\ \hline 160 \\ 128 \\ \hline 1728 \end{array}$$

32 · 54

Auch hierbei wird addiert, man kann also das Multiplizieren auf das Addieren zurückführen.

Zur Multiplikation im Dualsystem hilft wieder eine Tabelle:

·	0	1
0	0	0
1	0	1

Beispiel:
  1 0 1 · 1 1 0
  ———————
      1 0 1
     1 0 1
    0 0 0
  ———————
    1 1 1 1 0

Aufgabe 5
Multipliziere die Dualzahlen.

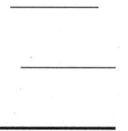

a) 1 0 0 1 · 1 1

b) 1 1 0 1 · 1 0 1

Aufgabe 6
Berechne:

a) 1 0 1 1 · 1 1 1 0

b) 1 0 1 0 1 0 · 1 0 1

Falls du deine Ergebnisse kontrollieren möchtest, solltest du die Dualzahlen in Dezimalzahlen verwandeln.

Das Märchen von der Schneeflocke A 18

Es war einmal eine Strecke. Sie war 9 cm lang und befand sich allein auf einem Blatt Papier.

|—————————— 9 cm ——————————|

Aber mit der Zeit bekam sie Langeweile und dachte: „Wie schön wäre es, wenn ich noch etwas länger sein könnte." Gedacht – getan: Sie begann sich zu strecken, aber leider war da das Papier schon zu Ende und so musste sie ihr Vorhaben aufgeben. Die Strecke wurde sehr traurig und überlegte, wie sie sich anderweitig ausdehnen könnte. So stellte sie sich nacheinander folgende Verformungen vor:

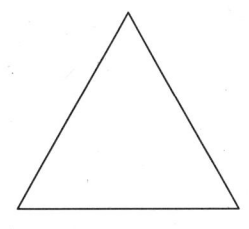

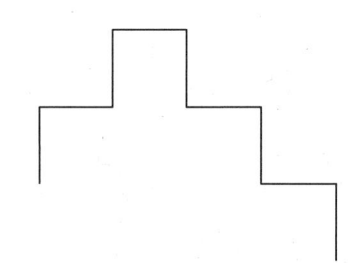

Aufgabe 1
Beschrifte in den Figuren die Streckenlängen.

Aber so richtig zufrieden war die Strecke immer noch nicht.
Während sie dalag und nachdachte, kam eine gute Fee und sprach:
„Ich kann dir dabei helfen, dich zu verwandeln. Wenn du mir ein Teil von dir gibst, gebe ich dir zwei Teile zurück. Du wirst dadurch schöner und länger."
Die Strecke war zunächst unschlüssig darüber, ob sie sich auf das Spiel einlassen sollte, schließlich siegte aber die Neugier. Sie war sogar damit einverstanden, ihr mittleres Drittel wegzugeben.
Und kaum hatte die Fee einen Zauberspruch gemurmelt, sah die Strecke auch schon so aus:

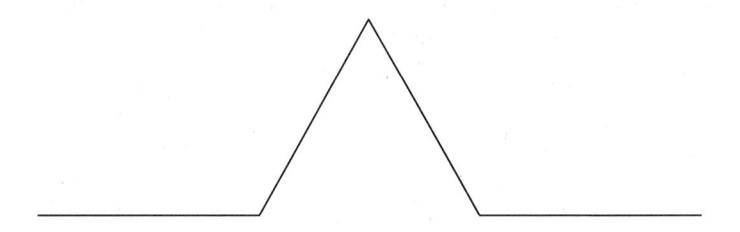

Sie war keine Strecke mehr, aber war sie auch länger geworden?

Aufgabe 2
Ermittle die Länge der Figur. _____

A 18 Das Märchen von der Schneeflocke

Nachdem sie sich so gesehen hatte und schön fand, war sie begierig darauf, sich weiter zu verändern, und die Fee tat ihr den Gefallen.

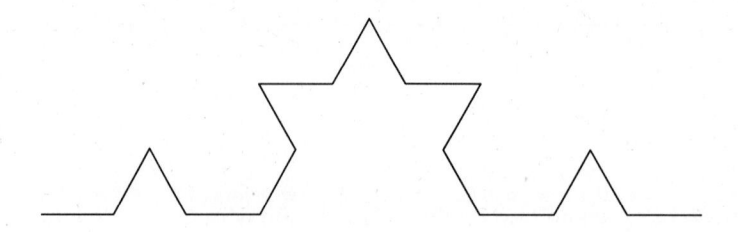

Aus jeder Teilstrecke wurde das mittlere Stück entfernt und durch zwei neue Stücke ersetzt.

Aufgabe 3
Beschrifte die Teilstrecken der Figur.
Bestimme die Gesamtlänge aller Teilstrecken. _____

Nun wollte die Strecke noch schöner werden und wieder ließ die Fee sich nicht lange bitten:

Aufgabe 4
a) Vervollständige die Figur.

b) Bestimme die Gesamtlänge aller Teilstrecken.
(Die zu entfernenden darfst du nicht mitzählen.)

_____

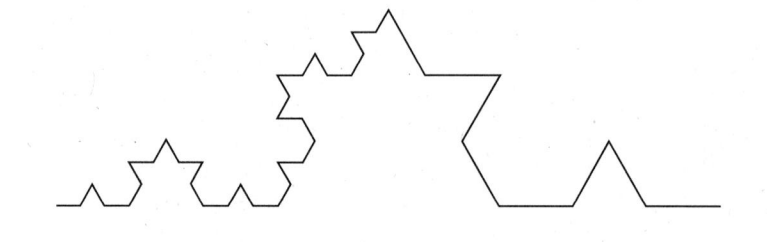

Die Fee sagte: „Siehst du, nun bist du schöner und länger geworden. Und wenn wir dieses Spiel unbegrenzt weiterführen, wirst du unbegrenzt lang werden ohne dich nach rechts oder links auszudehnen."
Das sah die Strecke ein, doch plötzlich wurde sie blass und flüsterte: „Jetzt bin ich ja keine Strecke mehr."
„Das schadet gar nichts", sagte die Fee und murmelte einen Zauberspruch.
Augenblicklich wurde die Strecke wieder zur Strecke, aber bevor sie noch protestieren konnte, verband sich ihr Anfangspunkt mit dem Endpunkt zu einem Dreieck, wurde das mittlere Teilstück jeder Seite entfernt und durch zwei neue Stücke ersetzt, und das geschah mit jedem neuen Stück ebenso und immer weiter ...

So wurde aus der unglücklichen Strecke eine hübsche Schneeflocke.

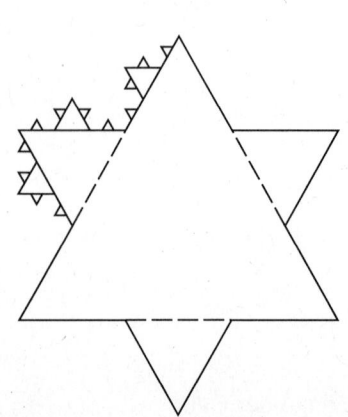

Aufgabe 5
Vervollständige die Figur.

Eine Fläche ohne Inhalt **A 19**

Du siehst hier ein gleichschenklig rechtwinkliges Dreieck. Man könnte auch sagen, ein halbes Quadrat. Die Seitenlänge sei a = 4 cm.

Aufgabe 1
Berechne den Flächeninhalt. A = _____ cm².

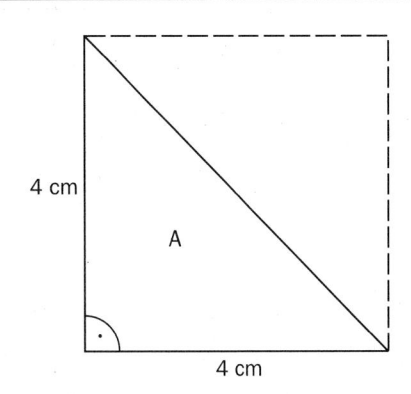

Halbiert man die Seiten des Dreiecks und verbindet die Mittelpunkte miteinander, so entstehen 4 neue Dreiecke. Die Seitenlänge dieser 4 Dreiecke ist nur noch halb so groß wie die des großen Dreiecks.

Aufgabe 2
a) Berechne den Flächeninhalt eines Teildreiecks

   A_1 = _____ cm².

b) Angenommen, das mittlere Dreieck würde entfernt, welchen Flächeninhalt hat dann die Restfigur?

   R_1 = _____ cm²

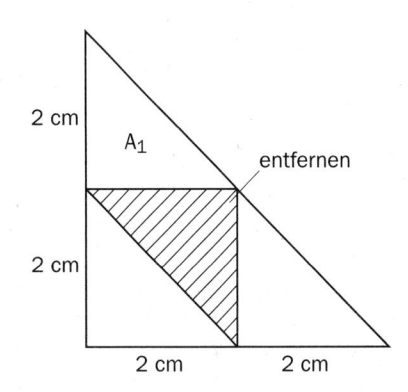

Wir wollen nun dasselbe Verfahren noch einmal anwenden.

Aufgabe 3
a) Halbiere in der Restfigur alle Seiten und verbinde die Seitenmittelpunkte so, dass jedes Dreieck in 4 Teildreiecke zerlegt wird.
b) Berechne den Flächeninhalt eines Teildreiecks A_2.

   A_2 = _____ cm²

c) Entferne jeweils das mittlere Teildreieck. Es gibt insgesamt 3 derartige Dreiecke.
   Aus wie vielen Dreiecken besteht dann noch die Restfigur?

   _____ Teildreiecke
   Welchen Flächeninhalt hat sie?

   R_2 = _____ cm²

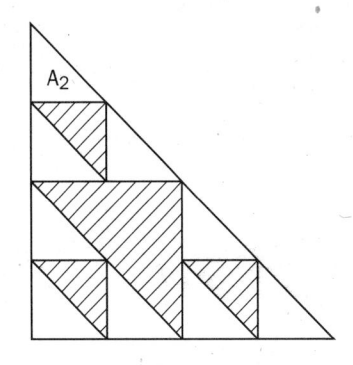

Aufgabe 4
Stell dir vor, du solltest dasselbe Verfahren noch einmal an der Restfigur von Aufgabe 3 durchführen. Welchen Flächeninhalt A_3 hätte dann ein Teildreieck?

A_3 = _____ cm²

Welchen Flächeninhalt R_3 hätte die Restfläche? R_3 = _____ cm²

A 19 Eine Fläche ohne Inhalt

Wir fassen die bisherigen Ergebnisse zusammen:

Aufgabe 5
a) Fülle die Tabelle aus:

Teildreieck	Inhalt	Restfläche	Inhalt
A	8 cm²	A	8 cm²
A_1		R_1	
A_2		R_2	
A_3		R_3	

b) Um welchen Faktor werden die Teildreiecke von Schritt zu Schritt kleiner? _____

c) Um welchen Faktor verkleinert sich die Restfläche? _____

Mit dem Ergebnis von Aufgabe 5 können wir die Restfläche berechnen ohne sie zu zeichnen.

Aufgabe 6
Berechne:

a) $R_4 = \frac{3}{4} \cdot \frac{3}{4} \cdot \frac{3}{4} \cdot \frac{3}{4} \cdot 8 = \frac{81}{256} \cdot 8 = \frac{81}{32} =$ _____ cm²

b) $R_5 =$ _____

c) $R_6 =$ _____

Du hast sicherlich schon beobachtet, dass die Restfläche immer kleiner wird, je häufiger das Verfahren angewendet wird. Bei n-maliger Anwendung (n ∈ IN) wäre der

Inhalt der Restfläche $R_n = \left(\frac{3}{4}\right)^n \cdot 8$ (n Faktoren $\frac{3}{4}$).

Aufgabe 7
Berechne mit dem Taschenrechner: $R_{40} = \left(\frac{3}{4}\right)^{40} \cdot 8 =$ _____

Würde man das Verfahren unbeschränkt wiederholen, so würde der Flächeninhalt der Restfläche so klein, dass er von null kaum noch zu unterscheiden wäre.
Aus den Teildreiecken würden Punkte.
Somit wäre eine „Fläche ohne Inhalt" entstanden. Unabhängig von der Größe des Ausgangsdreiecks entsteht auf diese Weise immer wieder dieselbe Figur, das „SIERPINSKI-Dreieck".

Die Mächtigkeit von Mengen   A 20

Ein Rockkonzert wird von 35 000 Menschen besucht. Sind es in der Mehrzahl Frauen oder Männer?
In der afrikanischen Savanne begegnen sich eine Antilopenherde und eine Zebraherde. In welcher Herde gibt es mehr Tiere?
In einer Dose befinden sich zwei Sorten Bonbons. Von welcher Sorte gibt es mehr?
Du kennst die natürlichen Zahlen 0, 1, 2, 3, 4, … und die Zahlen 1, 10, 100, 1000, … Von welcher Zahlenmenge gibt es mehr Zahlen?

Die vier Fragen sind nicht so einfach zu beantworten.
Bei den ersten drei Fragen könnte man die Antwort noch durch Zählen ermitteln, aber entweder handelt es sich um eine sehr große Zahl (1. Frage) oder es werden gar keine Zahlen angegeben (2. und 3. Frage). Schließlich sind in den beiden Zahlenmengen der 4. Frage unendlich viele Elemente, sodass hier auf das Zählen verzichtet werden muss.

Man kann alle vier Fragen auch beantworten ohne zu zählen.
Man bildet Paare, wobei immer einem Element einer Menge ein Element der anderen Menge zugeordnet wird.

Beispiel:
Du siehst hier schwarze und weiße Punkte.
Um festzustellen von welcher Sorte es mehr gibt, werden so viele Paare gebildet, bis nur noch von einer Sorte Punkte übrig sind oder die Paarbildung aufgeht.

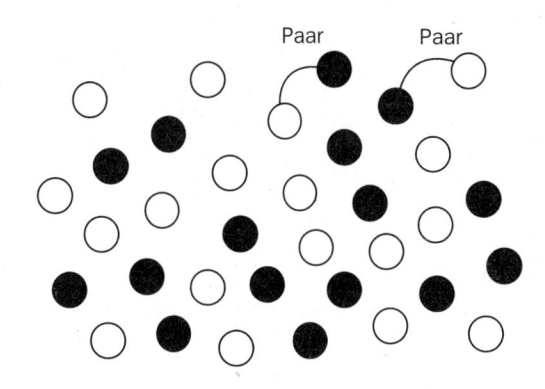

Aufgabe 1
Vervollständige die Paarbildung des Beispiels.
Von welcher Sorte gibt es mehr Punkte?

___

Aufgabe 2
Gibt es mehr Sterne oder mehr Dreiecke?
Bilde Paare.

___

Bei den bisherigen Beispielen waren die Zahlenmengen noch überschaubar, weil sie nur endlich viele Elemente besaßen.
Aber wie ist es bei Mengen mit unendlich vielen Elementen? – Zählen wäre sinnlos!

A 20 Die Mächtigkeit von Mengen

Wir vergleichen die Menge der natürlichen Zahlen mit der Menge der Zehnerpotenzen.
Welche Mengen enthält mehr Elemente?
Es gilt zum Beispiel $1000 = 10^3$.

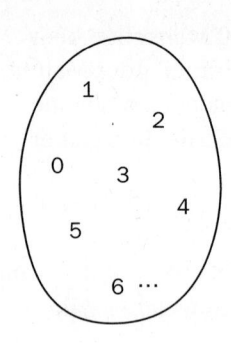

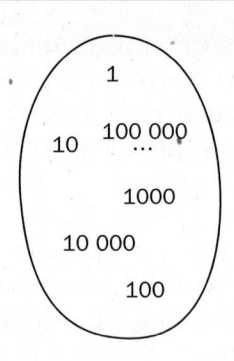

Aufgabe 3
a) Fülle die Tabelle aus.

Zahl	1	10	100	1000		
Zahlenpotenz	10^0	10^1			10^4	10^5

b) Ordne zu: $0 \mapsto 10^0 = 1$ $1 \mapsto 10^1 = 10$

   $2 \mapsto$ _____ $3 \mapsto$ _____

   $4 \mapsto$ _____ $5 \mapsto$ _____

c) Welche Zehnerpotenz wird 12 zugeordnet? $12 \mapsto$ _____
d) Welche natürliche Zahl wird 10 000 000 zugeordnet?

   ____ $\mapsto 10^{\underline{}} = 10\,000\,000$

Aufgabe 3 legt die Vermutung nahe, dass man jeder natürlichen Zahl genau eine Zehnerpotenz zuordnen kann, ohne dass von einer der beiden Mengen Elemente übrig bleiben.
Folglich besitzen die beiden Mengen gleich viele Elemente – sie sind gleich mächtig.

Aufgabe 4
Wir wollen untersuchen, ob es mehr natürliche Zahlen oder mehr ganze Zahlen gibt.
a) Du siehst hier einen Ausschnitt der Zahlengeraden. Von Null aus springen wir immer abwechselnd nach rechts und links. Zeichne weiter.

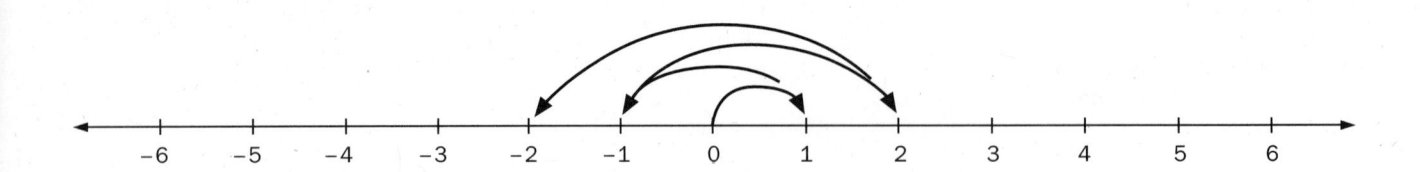

b) Schreibe die Zahlen von a) in der Reihenfolge auf, in der du gesprungen bist:

   0; 1; –1; 2; ____; ____; ____; ____; ____

c) Ordne zu (natürliche Zahl $\mapsto$ ganze Zahl)

   $0 \mapsto 0$ $1 \mapsto 1$ $2 \mapsto -1$

   $3 \mapsto$ _____ $4 \mapsto$ _____ $5 \mapsto$ _____

   $6 \mapsto$ _____ $7 \mapsto$ _____ $8 \mapsto$ _____

d) Welche Zahlenmenge besitzt mehr Elemente? _____

Permutationen **A 21**

Sarah und Carlotta haben drei Kärtchen mit den Buchstaben „E", „I" und „S" gefunden. Sie überlegen, wie viele verschiedene Wörter man damit bilden kann.

Aufgabe 1
Schreibe alle möglichen Wörter auf:

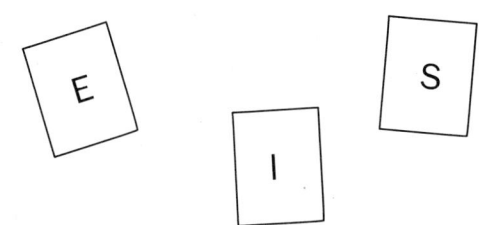

_____

Aufgabe 2
Bilde alle möglichen Wörter aus den Buchstaben

a) „E" und „S" _____

b) „E", „I", „L" und „S".

_____

_____

_____

Aufgabe 3
Schreibe auf, wie viele verschiedene Wörter durch die Permutationen entstehen, wenn

a) 2 Buchstaben _____

b) 3 Buchstaben _____

c) 4 Buchstaben _____
gegeben sind.

Aufgabe 4
Die Ergebnisse von Aufgabe 3 kann man auch so ermitteln:

a) $1 \cdot 2 =$ _____

b) $1 \cdot 2 \cdot 3 =$ _____

c) $1 \cdot 2 \cdot 3 \cdot 4 =$ _____

Prüfe nach:
Hattest du immer alle möglichen Wörter gebildet?

Aufgabe 4 zeigt den Zusammenhang zwischen den Ergebnissen von Aufgabe 3.
Allgemein gilt: Bei n Buchstaben kann man $1 \cdot 2 \cdot 3 \cdot 4 \cdot \ldots \cdot n$ verschiedene Wörter bilden.
Wir schreiben auch: $1 \cdot 2 \cdot 3 \cdot 4 \cdot \ldots \cdot n = n!$ (n! bedeutet „n Fakultät")

Aufgabe 5
Berechne:

a) $5! =$ _____

b) $6! =$ _____

c) $7! =$ _____

d) $10! =$ _____

A 21 Permutationen

Aufgabe 6
Wie viele verschiedene Zahlen kannst du aus

a) den Ziffern 1, 2, 3, 4   _____ Zahlen

b) den Ziffern 0, 2, 4   _____ Zahlen

c) den Ziffern 1, 3, 5, 7, 9   _____ Zahlen   bilden?

Bei den bisher behandelten Aufgaben war die Lösung immer über die Fakultät zu ermitteln.
Das ist immer dann möglich, wenn zu untersuchen ist, auf wie viele verschiedene Arten man die Elemente einer Menge in eine Reihenfolge bringen oder sie nacheinander auswählen kann.
Zur Erklärung der Fakultät bearbeite die Aufgabe 7.

Aufgabe 7
a) Wie viele verschiedene Zahlen kann man aus den 3 Ziffern 1, 2 und 3 herstellen?

_____

b) Nun kommt noch die Ziffer 4 hinzu. Notiere, welche vierstelligen Zahlen du herstellen kannst, wenn du zu der dreistelligen Zahl 231 die Ziffer 4 hinzufügst.

_____

c) Durch die Hinzunahme der 4 erhält man aus jeder dreistelligen 4 neue vierstellige Zahlen. Insgesamt sind

das dann _____ · 4 = _____ vierstellige Zahlen.

Aufgabe 8
In einem Gefäß befinden sich 5 verschiedenfarbige Kugeln.
Wie viele Möglichkeiten gibt es, die Kugeln nacheinander aus dem Gefäß herauszunehmen?

_____ Möglichkeiten.

Aufgabe 9
Beim 100-Meter-Lauf gehen 8 Läufer an den Start.
Wie viele Möglichkeiten des Zieleinlaufs gibt es?   _____ Möglichkeiten.

Aber Vorsicht!

Aufgabe 10
Die vier Freunde Alex, Benny, Chris und Dennis feiern gemeinsam Silvester. Um Mitternacht möchte jeder mit jedem genau einmal anstoßen.

a) Schreibe alle Möglichkeiten auf (z. B. A – B). Beachten, dass A – B und B – A hier nur einmal gezählt werden darf.

_____

b) Die Gläser klingen   _____ -mal.

Die binomischen Formeln **A 22**

Die binomischen Formeln lauten:

I. $(a + b)^2 = a^2 + 2ab + b^2$
II. $(a - b)^2 = a^2 - 2ab + b^2$
III. $(a + b)(a - b) = a^2 - b^2$

Aufgabe 1
Wende die binomischen Formeln an:

a) $(u + v)^2 =$ _____

b) $(x - y)^2 =$ _____

c) $(p + q)(p - q) =$ _____

d) $(c + 3)^2 =$ _____

e) $(n - 1)^2 =$ _____

f) $(k + 2)(k - 2) =$ _____

Aufgabe 2
Hier fehlt etwas! Ergänze so, dass eine binomische Formel entsteht.

a) $x^2 + 6x +$ _____ $= (x +$ _____$)^2$

b) $a^2 - 4a +$ _____ $= (a -$ _____$)^2$

c) $4x^2 - 4xy +$ _____ $= (2x -$ _____$)^2$

d) $p^2 + 10p +$ _____ $= (p +$ _____$)^2$

Mithilfe der binomischen Formeln kann man sich das Rechnen vereinfachen:

Beispiel:
$43^2 = (40 + 3)^2$
$= 40^2 + 2 \cdot 40 \cdot 3 + 3^2$
$= 1600 + 240 + 9$
$= 1849$

Aufgabe 3
Berechne ebenso:

a) $72^2 = (70 +$ _____$)^2$

   $= 70^2 + 2 \cdot 70 \cdot$ _____ $+$ _____^{2}

   $=$ _____ $+$ _____ $+$ _____

   $=$ _____

A 22 Die binomischen Formeln

b) 61 · 59 = (60 + _____)(60 − _____)

$= 60^2 -$ _____^{2}

= _____

c) $56^2 =$ (_____ − _____)^2

= _____$^2 - 2 \cdot$ _____ · _____ + _____^{2}

= _____ − _____ + _____

= _____

Aufgabe 4
Löse entsprechend:

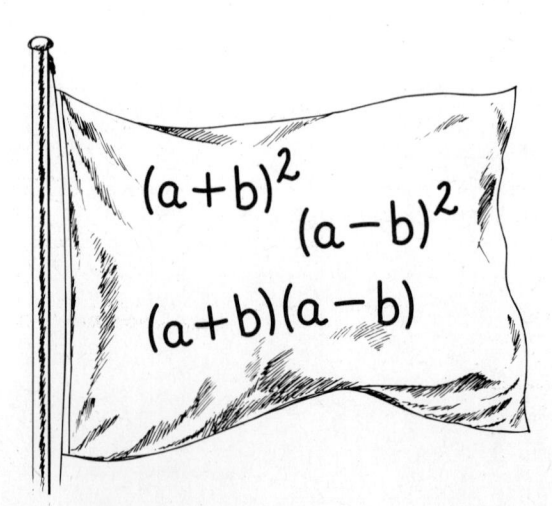

a) 77^2 = _____

= _____

= _____

= _____

b) 94^2 = _____

= _____

= _____

= _____

c) 82 · 78 = _____

= _____

= _____

= _____

d) 41^2 = _____

= _____

= _____

= _____

e) 101^2 = _____

= _____

= _____

= _____

f) 55^2 = _____

= _____

= _____

= _____

$(a+b)^2$ $(a-b)^2$ $(a+b)(a-b)$

Das Pascalsche Dreieck **A 23**

Es gilt bekanntlich
$(a + b)^0 = 1$
$(a + b)^1 = a + b$
$(a + b)^2 = a^2 + 2ab + b^2$

Aber wie viel ist $(a + b)^{10}$?

Aufgabe 1
Berechne:

a) $(a + b)^3 = (a + b)^2(a + b)$

= (_____)(a + b)

= _____

= _____

b) $(a + b)^4 = (a + b)^2(a + b)^2$

= (_____)(_____)

= _____

= _____

Das Ergebnis von b) könnte man auch so schreiben:

$a^4b^0 + 4a^3b^1 + 6a^2b^2 + 4a^1b^3 + a^0b^4$,

wobei ja bekanntlich $a^0 = b^0 = 1$ ist. Beachte, dass die Summe der Exponenten jedes Summanden immer gleich 4 ist, z. B. a^3b^1 $3 + 1 = 4$.

Aufgabe 2
Schreibe das Ergebnis von 1a) entsprechend auf:

_____

Überprüfe auch die Exponentensummen.

A 23 Das Pascalsche Dreieck

Wir betrachten nun die Koeffizienten, d. h. die Zahlen, die vor a oder b stehen.

Aufgabe 3
Vervollständige:

$(a + b)^0 = 1$
$(a + b)^1 = 1a + 1b$
$(a + b)^2 = 1a^2 + 2ab + 1b^2$
$(a + b)^3 = 1a^3 + 3a^2b + 3ab^2 + 1b^3$

$(a + b)^4 = $ _____

```
          1
        1   1
      1   2   1
    1   3   3   1
```

Das hier entstandene Zahlenschema in Dreiecksform heißt das PASCALsche Dreieck und wurde benannt nach dem französischen Mathematiker BLAISE PASCAL (1623–1662).
Nach folgenden Regeln ermittelt man eine neue Zeile im PASCALschen Dreieck:
1. Am Anfang und am Ende steht immer eine 1.
2. Alle anderen Zahlen erhält man dadurch, dass man die beiden darüber stehenden Zahlen addiert, z. B.
   1   3
     ↘4↙   (1 + 3 = 4)

Aufgabe 4
Vervollständige das PASCALsche Dreieck.

```
              1
            1   1
          1   2   1
        1   3   3   1
      1 _____ 1
```

Aufgabe 5
Wie lautet nun der Term für $(a + b)^{10}$?

$(a + b)^{10} = $ _____

_____

Überprüfe, ob die Summe der Exponenten jedes Summanden gleich 10 ist.

Vom PASCALschen Dreieck zum SIERPINSKI-Dreieck **A 24**

Das PASCALsche Dreieck sieht so aus:

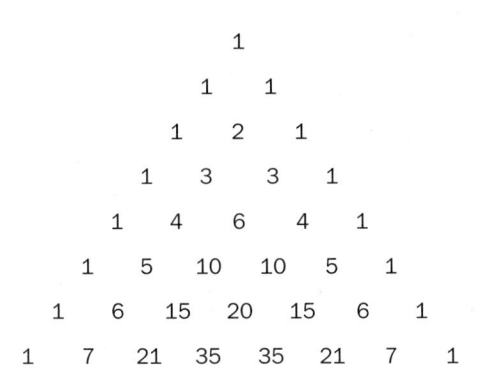

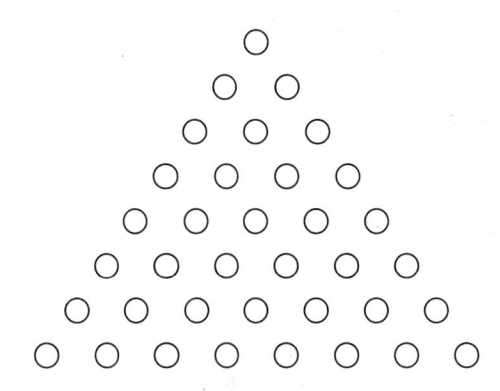

```
              1
           1     1
         1    2    1
       1    3    3    1
     1    4    6    4    1
   1    5   10   10    5    1
 1    6   15   20   15    6    1
1    7   21   35   35   21    7    1
```

Aufgabe 1
Betrachte die Zahlen im PASCALschen Dreieck. Sie können gerade oder ungerade sein. Färbe in der rechten Figur diejenigen Kreise ein, in denen ungerade Zahlen stehen.

Unabhängig von der Größe einer Zahl kann man
unter anderem folgende Aussagen machen: gerade + ungerade ergibt ungerade

Aufgabe 2
Ergänze entsprechend

gerade + gerade ergibt _____

ungerade + gerade ergibt _____

ungerade + ungerade ergibt _____

Aufgabe 3
Fülle mithilfe der Regeln von Aufgabe 2 diese Figur aus. Am Anfang und am Ende jeder Zeile soll jeweils eine ungerade Zahl stehen.

A 24 Vom PASCALschen Dreieck zum SIERPINSKI-Dreieck

Die eigenartige Struktur der Figur in Aufgabe 3 ist kein Zufall. Sie ergibt sich aus dem Zusammenspiel von geraden und ungeraden Zahlen.

Aufgabe 4
Betrachte die beiden Dreiecke. Das Dreieck D_1 könnte man sich auf folgende Arten entstanden denken:
1. Das Mitteldreieck wurde entfernt.   Oder:
2. Das Dreieck D_0 wurde verkleinert, dreimal kopiert und neu zusammengesetzt, wobei die Mitte frei blieb.

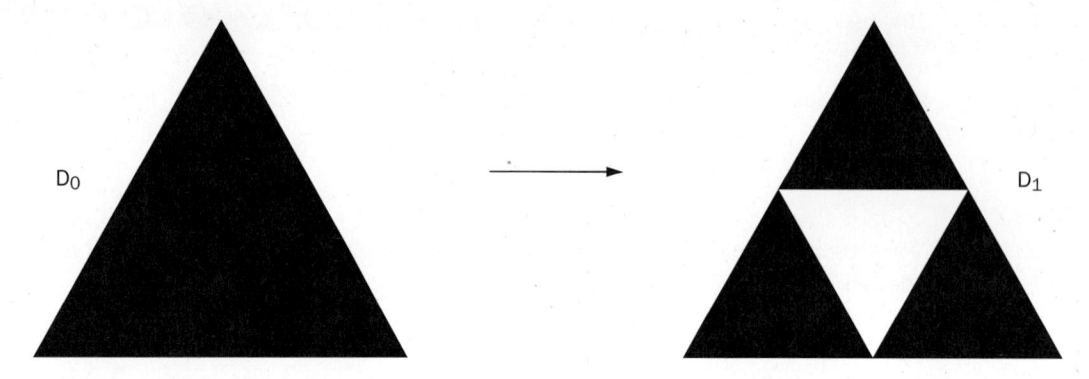

Führe nun das zweite Verfahren noch einmal durch. Du erhältst das Dreieck D_2.

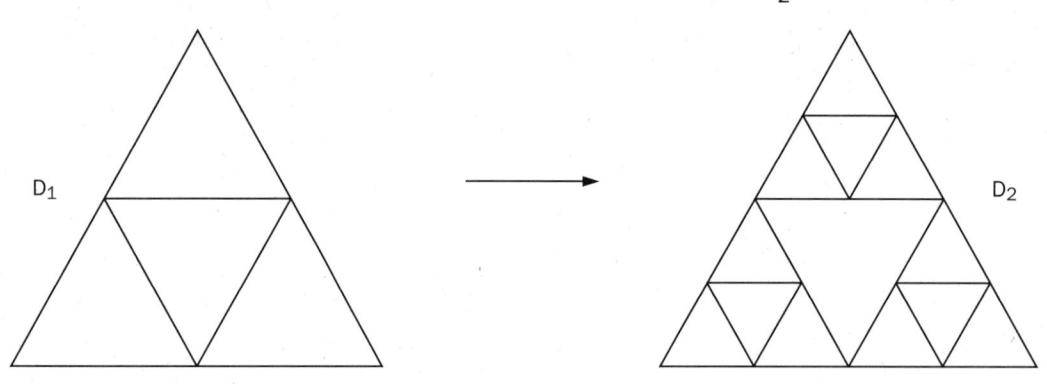

Mache dasselbe mit D_2 und du erhältst D_3.

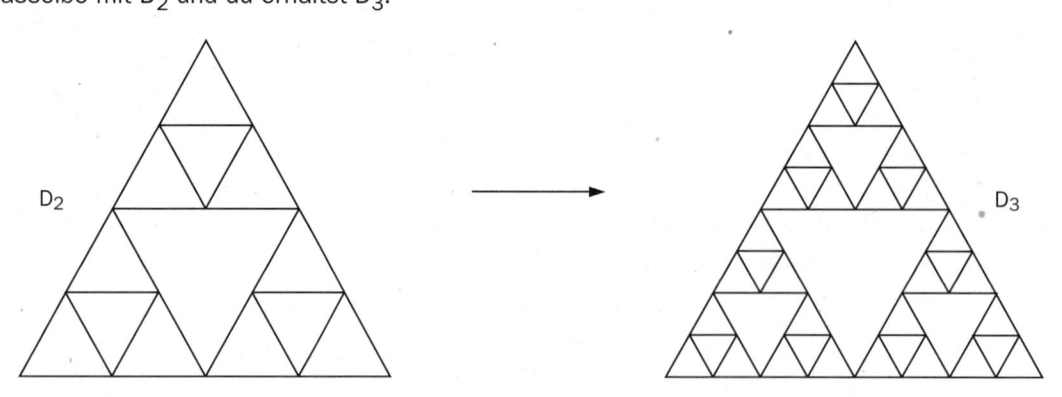

Würde man dieses Verfahren immer weiter fortsetzen bis die Dreiecke nur noch Punkte sind, so erhielte man das so genannte SIERPINSKI-Dreieck, eine der wichtigsten Figuren der fraktalen Geometrie.

Aufgabe 5
Vergleiche die Figur aus Aufgabe 3 mit D_3 aus Aufgabe 4.

Binomialkoeffizienten A 25

Für das Produkt $1 \cdot 2 \cdot 3 \cdot 4$ schreibt man kurz 4! und liest „4 Fakultät".
Allgemein ist dann $1 \cdot 2 \cdot 3 \cdot 4 \cdot \ldots \cdot n = n!$, $n \in \mathbb{N}$.
Insbesondere wird definiert $0! = 1$

Aufgabe 1
Berechne: a) 2! = _____   b) 5! = _____   c) 8! = _____

Mit Fakultäten kann man auch rechnen:
$$\frac{5!}{3!} = \frac{\cancel{1} \cdot \cancel{2} \cdot \cancel{3} \cdot 4 \cdot 5}{\cancel{1} \cdot \cancel{2} \cdot \cancel{3}} = 4 \cdot 5 = 20$$

Aufgabe 2
Berechne ebenso:

a) $3! \cdot 4! =$ _____ = _____

b) $6! \cdot 2! =$ _____ = _____

c) $\dfrac{7!}{4!} =$ _____ = _____

d) $\dfrac{3!}{6!} =$ _____ = _____

e) $\dfrac{7!}{4! \cdot 2!} =$ _____ = _____

f) $\dfrac{5! \cdot 3!}{4!} =$ _____ = _____

Häufig kommt der Term $\dfrac{n!}{k! \cdot (n-k)!}$ mit $n, k \in \mathbb{N}$ und $n \geq k$ vor.

Wir schreiben kurz $\dfrac{n!}{k! \cdot (n-k)!} = \binom{n}{k}$ und sprechen „n über k". (Achtung, in der Klammer steht kein Bruchstrich.) Diese Terme nennt man **Binomialkoeffizienten**.

Aufgabe 3
Berechne die Binomialkoeffizienten:

a) $\binom{5}{2} = \dfrac{5!}{2! \cdot (5-2)!} = \dfrac{5!}{2! \cdot 3!} = \dfrac{\cancel{1} \cdot \cancel{2} \cdot \cancel{3} \cdot 4 \cdot 5}{1 \cdot 2 \cdot \cancel{1} \cdot \cancel{2} \cdot \cancel{3}} =$ _____ = _____

b) $\binom{6}{4} =$ _____ = _____

c) $\binom{10}{8} =$ _____ = _____

d) $\binom{5}{0} =$ _____ = _____

A 25 Binomialkoeffizienten

Aufgabe 4
Berechne nacheinander:

a) $\binom{4}{0} =$ _____ = _____

b) $\binom{4}{1} =$ _____ = _____

c) $\binom{4}{2} =$ _____ = _____

d) $\binom{4}{3} =$ _____ = _____

e) $\binom{4}{4} =$ _____ = _____

Aufgabe 5
Berechne: $(a + b)^4 =$ _____

Vergleichst du die Ergebnisse von Aufgabe 4 a)–e) mit dem Resultat von Aufgabe 5, so müsstest du eigentlich staunen. Wie es zu der seltsamen Übereinstimmung kommt, verrät jedoch der Name „Binomialkoeffizienten". Er bedeutet nämlich, dass man durch $\binom{n}{k}$ diejenigen Zahlen (= Koeffizienten) erhält, die vor den Potenzen bei den binomischen Formeln stehen.

So kann man schreiben $(a + b)^2 = \binom{2}{0} a^2 + \binom{2}{1} ab + \binom{2}{2} b^2 = 1a^2 + 2ab + 1b^2$.

Aufgabe 6
Berechne ebenso:
$(a + b)^3 = \binom{3}{0} a^3 + \binom{-}{-} a^2 b + \binom{-}{-} ab^2 + \binom{-}{-} b^3 =$ _____

Aufgabe 7
Ergänze die Binomialkoeffizienten im P‌ASCAL‌schen Dreieck.

$(a + b)^0$			$\binom{0}{0}$				1	
$(a + b)^1$		$\binom{1}{0}$	$\binom{1}{1}$			1		1
$(a + b)^2$	$\binom{-}{-}$	$\binom{-}{-}$	$\binom{-}{-}$		___	___	___	
$(a + b)^3$	$\binom{-}{-}$ $\binom{-}{-}$ $\binom{-}{-}$ $\binom{-}{-}$				___	___	___	___

Ostern 2010 **A 26**

Wann ist im Jahr 2010 Ostern?

Um diese einfache Frage beantworten zu können, muss man zunächst wissen, wie Ostern überhaupt definiert ist.
Ostern liegt im Gegensatz zu Weihnachten nicht immer an demselben Datum sondern es ist
- der erste Sonntag
- nach dem ersten Vollmond
- nach Frühlingsanfang.

Die Berechnung des Ostertermins ist daher gar nicht so einfach.

Offenbar spielt der Termin des Vollmonds eine wichtige Rolle.
Ein Mondzyklus von Vollmond zu Vollmond beträgt 29,53059 Tage.
Ein Jahr hat 365,25 Tage.

Aufgabe 1
Um wie viele Tage verändert sich der Ostervollmond (Vollmond vor Ostern) durchschnittlich von Jahr zu Jahr?

12 · 29,53059 = _____

365,25 – _____ = _____

Damit liegt der Ostervollmond im folgenden Jahr etwa 10,883 Tage früher.

Aufgabe 2
Im Jahr 1999 ist am 1. April Ostervollmond.
Wann wäre im Jahr 2000 Ostervollmond?

_____

Bei der Berechnung eines zukünftigen Ostertermins gilt es, einiges zu bedenken.
Leider kann man nun nicht immer 10,883 Tage zurückrechnen, denn Ostern kann ja nicht vor Frühlingsbeginn (21. März) liegen.

Zur Bestimmung des genauen Termins von Ostern 2010 benötigen wir einen festen Termin, von dem aus wir weiterrechnen:
Im Jahr 1999 ist Ostervollmond am 1. April.
und Ostersonntag am 4. April.

A 26 Ostern 2010

Aufgabe 3
a) Um wie viele Tage, würde sich der Ostervollmond in den 11 Jahren von 1999 bis 2010 zurückverlegen?

   $11 \cdot 10{,}88292 =$ _____

b) Berechne: 4 Mondzyklen $4 \cdot 29{,}53059 =$ _____

   5 Mondzyklen $5 \cdot 29{,}53059 =$ _____

Da der in a) errechnete Wert zwischen den beiden in b) errechneten Werten liegt, folgt:
Der Ostervollmond 2010 liegt entweder
   $119{,}71212 - 118{,}12236 = 1{,}58976$ Tage früher   oder
   $147{,}65295 - 119{,}71212 = 27{,}94083$ Tage später
als der Ostervollmond 1999 (1. April).

Aufgabe 4
Nenne das Datum für den Ostervollmond 2010.

_____

Nun wollen wir das Datum für den Ostersonntag 2010 berechnen.
Dazu müssen wir noch wissen, dass der 4. April 1999 ein Sonntag ist.

Aufgabe 5
Die Tabelle gibt die Verschiebung der Sonntage an. Vervollständige sie.

Jahr	Sonntag	
1999	4. 4.	
2000	2. 4.	→ Schaltjahr!
2001	1. 4.	
2002	_____	
2003	_____	
2004	_____	→ Schaltjahr!
2005	_____	
2006	_____	
2007	_____	
2008	_____	→ Schaltjahr!
2009	_____	
2010	_____	

Aufgabe 6
Finde einen Sonntag im Jahr 2010, der nach dem Ostervollmond (30. März) liegt.
Gehe von der Tatsache aus, dass der 21. März 2010 ein Sonntag ist.

Damit ist der _____ 2010 der Ostersonntag.

Die Osterformel A 27

Ostern ist der 1. Sonntag nach dem 1. Vollmond nach Frühlingsanfang.
Zur Berechnung dieses beweglichen Termins gibt es zwei „Formeln", die auf den berühmten Mathematiker
Carl-Friedrich Gauss (1777–1855) zurückgehen.

I. Berechnung des Datums des Ostervollmondes (Vollmond vor Ostern):

Aufgabe 1
Berechne das Datum des Ostervollmondes für das Jahr 2010.

Dividiere die Jahreszahl durch 19.	2010 : 19 = _____ Rest _____
Bezeichne den Rest mit a.	a = _____
Berechne 204 − 11 · a.	204 − 11 · _____ = _____
Nenne das Ergebnis b.	b = _____
Dividiere b durch 30.	b : 30 = _____ Rest _____
Bezeichne den Rest mit c.	c = _____
Am 21. März + c ist Ostervollmond.	21. 3. + _____ = _____

II. Bestimmung des Ostertermins

Aufgabe 2
Bestimme den Termin für Ostern im Jahr 2010.

Dividiere die Jahreszahl durch 19, 4 und	2010 : 19 = _____ Rest _____ A = _____
7 und bezeichne die Reste mit A, B und C.	2010 : 4 = _____ Rest _____ B = _____
	2010 : 7 = _____ Rest _____ C = _____
Berechne A · 19 + 24.	_____ · 19 + 24 = _____
Dividiere das Ergebnis durch 30 und	_____ : 30 = _____ Rest _____
bezeichne den Rest mit D.	D = _____
Berechne 2 · B, 4 · C sowie 6 · D.	2 · _____ = _____
	4 · _____ = _____
	6 · _____ = _____
Addiere die drei Ergebnisse zu 5.	_____ + _____ + _____ + 5 = _____
Nenne das Resultat E.	E = _____
Dividiere E durch 7.	_____ : 7 = _____ Rest _____
Bezeichne den Rest mit F.	F = _____
Berechne D + F + 22.	_____ + _____ + 22 = _____
Du erhältst die Anzahl der Tage, die du	1. 3. + _____ = _____
vom 1. März an weiterzählen musst um das Datum	
für Ostern zu erhalten.	

A 28 Brüche, Brüche, Brüche

Es ist möglich, jeden Bruch durch Division in einen Dezimalbruch zu verwandeln.

Aufgabe 1
Verwandle die Brüche in Dezimalbrüche.

a) $\frac{3}{4} = 3 : 4 =$ _____ b) $\frac{2}{3} = 2 : 3 =$ _____ c) $\frac{1}{6} = 1 : 6 =$ _____

Unter den Dezimalbrüchen gibt es drei unterschiedliche Arten:
- abbrechende Dezimalbrüche,   z. B. 0,5; 1,762
- rein periodische Dezimalbrüche,   z. B. $0,\overline{6}$; $5,\overline{142}$
- gemischt periodische Dezimalbrüche, z. B. $0,1\overline{6}$; $3,34\overline{29}$

Aufgabe 2
Bestimme durch Division, ob die Brüche abbrechend, rein periodisch oder gemischt periodisch sind.

a) $\frac{5}{6} =$ _____ _____ periodisch

b) $\frac{2}{9} =$ _____ _____

c) $\frac{5}{8} =$ _____ _____

Welche Art von Dezimalbruch bei der Umwandlung entsteht, kann man schnell folgendermaßen erkennen:
Man kürzt den Bruch vollständig und zerlegt den Nenner in seine Primfaktoren.
Enthält der Nenner
- nur die Primfaktoren 2 oder 5, so ist der Dezimalbruch abbrechend
- nur Primfaktoren außer 2 und 5, so ist der Dezimalbruch rein periodisch
- neben 2 oder 5 noch mindestens einen weiteren Primfaktor, so ist der Dezimalbruch gemischt periodisch.

Aufgabe 3
Entscheide anhand der Primfaktorzerlegung des Nenners, welche Art von Dezimalbruch vorliegt.
Kürze vorher, falls notwendig.

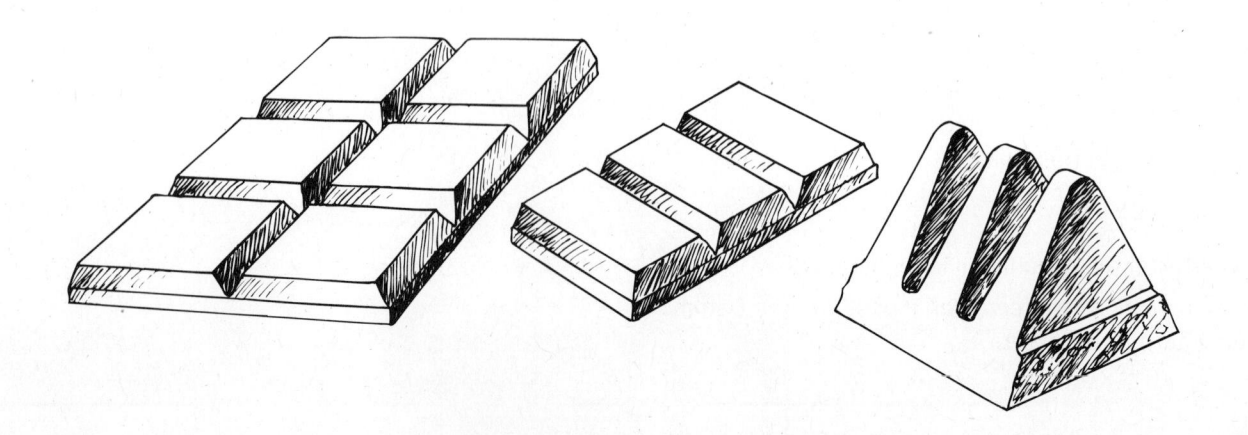

a) $\frac{5}{11}$ _____ b) $\frac{7}{12}$ _____

c) $\frac{9}{15}$ _____ d) $\frac{3}{16}$ _____

Perioden **A 29**

Rein periodische Dezimalbrüche sind dadurch gekennzeichnet, dass die Periode unmittelbar nach dem Komma beginnt,
z. B. bei $0,\overline{3} = 0,33333\ldots$ oder $0,\overline{09} = 0,090909\ldots$
Sie treten immer dann auf, wenn der zugehörige Bruch als Primfaktoren in seinem Nenner weder 2 noch 5 enthält.

In unseren Beispielen ist $0,\overline{3} = \frac{1}{3}$ und $0,\overline{09} = \frac{1}{11}$

Aufgabe 1

Stelle durch Betrachtung der Primfaktoren des Nenners fest, zu welchen der Brüche rein periodische Dezimalbrüche gehören. Kürze, falls möglich.

a) $\frac{6}{13}$ _____

b) $\frac{7}{15}$ _____

c) $\frac{5}{33}$ _____

d) $\frac{2}{34}$ _____

Im Folgenden sollen Brüche betrachtet werden, deren Nenner Primzahlen sind, wobei 2 oder 5 ausgeschlossen sein sollen. Damit ist klar, dass die zugehörigen Dezimalbrüche rein periodisch sind.

Aufgabe 2:

Bestimme durch Division den Dezimalbruch zu a) $\frac{1}{13}$ und b) $\frac{2}{13}$.

a) $1 : 13 = 0,07$ _____

    10
   100
    <u>91</u>

b) $2 : 13 = $ _____

Aufgabe 3

Mache dasselbe für a) $\frac{3}{13}$ b) $\frac{5}{13}$

A 29 Perioden

Beim Vergleich der Ergebnisse fällt auf:
   1 : 13 = 0,$\overline{076923}$ = 0,076923076923... und 3 : 13 = 0,$\overline{230769}$ = 0,230769230769...
besitzen dieselben Ziffern in derselben Reihenfolge in ihrer Periode, sie starten nur mit unterschiedlichen Ziffern (0 bzw. 2).
Gibt es hierfür eine Erklärung?

Wir betrachten dazu die bei der Division vorkommenden Reste. Es sind bei 1 : 13 nacheinander
10, 9, 12, 3, 4, 1.

Aufgabe 4
Notiere die Reste bei 3 : 13: ____, ____, ____, ____, ____, ____.

Aufgabe 5
Vergleiche ebenso die Perioden von 2 : 13 und 5 : 13. Notiere dazu die Reste:

2 : 13: ____, ____, ____, ____, ____, ____

5 : 13: ____, ____, ____, ____, ____, ____

Zwischenergebnis: Gleiche Reste bedeuten gleiche Ziffern in der Periode.

Bei der Division durch 13 kann es nur die 12 Reste 1, 2, 3, ..., 10, 11, 12 geben. Denn bei dem Rest 0 ginge die Division auf (der Bruch wäre eine ganze Zahl) und bei Resten, die größer oder gleich 13 sind, ist ja immer noch mindestens einmal die 13 selbst enthalten.

Aufgabe 6
Gibt es Reste, die sowohl bei 1 : 13 als auch bei 2 : 13 vorkommen? _____

Offensichtlich gibt es bei der Division durch 13 zwei verschiedene Zyklen von Resten.
Ein Bruch $\frac{x}{13}$ mit $1 \leq x \leq 12$ besitzt demnach eine Periode mit Zahlen aus entweder dem einen oder dem anderen Zyklus.

Aufgabe 7
Vervollständige die Tabelle.

Zyklus 1	Zyklus 2
Reste: 10, ___, ___, ___, ___, ___	Reste: 7, ___, ___, ___, ___, ___
Brüche: $\frac{1}{13}$, ___, ___, ___, ___, ___	Brüche: $\frac{2}{13}$, ___, ___, ___, ___, ___

Aufgabe 8
Untersuche, welche Zyklen von Resten bei Brüchen mit dem Nenner 41 auftreten können.

Periodenlängen **A 30**

Aufgabe 1
Wandle die Brüche durch Division in Dezimalbrüche um.

a) $\frac{1}{7}$: 1 : 7 = 0,1 _____
   10
   _7_
   _____

b) $\frac{1}{37}$: 1 : 37 = _____

Aufgabe 2
Notiere zu den Dezimalbrüchen von Aufgabe 1 jeweils die Länge der Periode, also die Anzahl der Ziffern, die unter dem Periodenstrich stehen.

a) $\frac{1}{7}$: _____ Stellen

b) $\frac{1}{37}$: _____ Stellen

Sicherlich ist dir schon aufgefallen, dass Dezimalbrüche unterschiedlich lange Perioden besitzen können. Wie Aufgabe 1 und 2 zeigen, ist dabei nicht unbedingt die Größe des Nenners entscheidend. Ein kleiner Nenner wie 7 hat eine recht lange Periode, während eine viel größere Zahl wie 37 nur auf eine kurze Periode führt. Im Folgenden wollen wir eine interessante Gesetzmäßigkeit erarbeiten.

Aufgabe 3
Bei der Division 1 : 7 kommen immer wieder Reste vor. Betrachte noch einmal die Rechnung von Aufgabe 1 und vervollständige dann die Folge der Reste:

3, 2, _____, _____, _____, _____

Andere Reste können bei der Division durch 7 nicht vorkommen, denn in größeren Zahlen wie 7, 8, 9, ... steckt die 7 ja mindestens noch einmal drin. Außerdem würde die Null als „Rest" bedeuten, dass die Division hier endet, der Dezimalbruch hier abbricht.

Aufgabe 4
Betrachte nun noch einmal die Division durch 37.
a) Welche Zahlen können hier überhaupt als Reste vorkommen?

_____

b) Welche davon kommen bei der Division 1 : 37 tatsächlich vor?

_____

A 30 Periodenlängen

Aufgabe 5
Führe die Divisionen durch, bis du die vollständige Periode erhältst.

a) 1 : 3 = _____

b) 1 : 11 = _____

c) 1 : 13 = _____

d) 1 : 17 = _____

Aufgabe 6
Fülle die Tabelle aus.

Zahl	3	7	11	13	17	37
Anzahl möglicher Reste (mögliche Periodenlänge)						
Anzahl tatsächlich auftretender Reste (wirkliche Periodenlänge)						

Beschreibe den Zusammenhang zwischen den Zahlen in den Spalten der Tabelle.

Diese Gesetzmäßigkeit kann man auch allgemein beweisen.

Dezimalbrüche und Potenzen A 31

Was bedeutet 0,325?
Die Beantwortung dieser Frage ist dir zu trivial? Dann sieh dir doch einmal diese Stellenwerttafeln an:

Zehner	Einer		Zehntel	Hundertstel	Tausendstel
0	0		3	2	5
10	1		$\frac{1}{10}$	$\frac{1}{100}$	$\frac{1}{1000}$
0	0		3	2	5
10^1	10^0		10^{-1}	10^{-2}	10^{-3}
0	0		3	2	5

Wir wollen im Folgenden die Stellenwerttafel mit den Zehnerpotenzen benutzen.

Aufgabe 1
Beschrifte selbst die Stellenwerttafel und trage dann die Zahlen ein:
28,35; 1,007; 3,14; 0,010

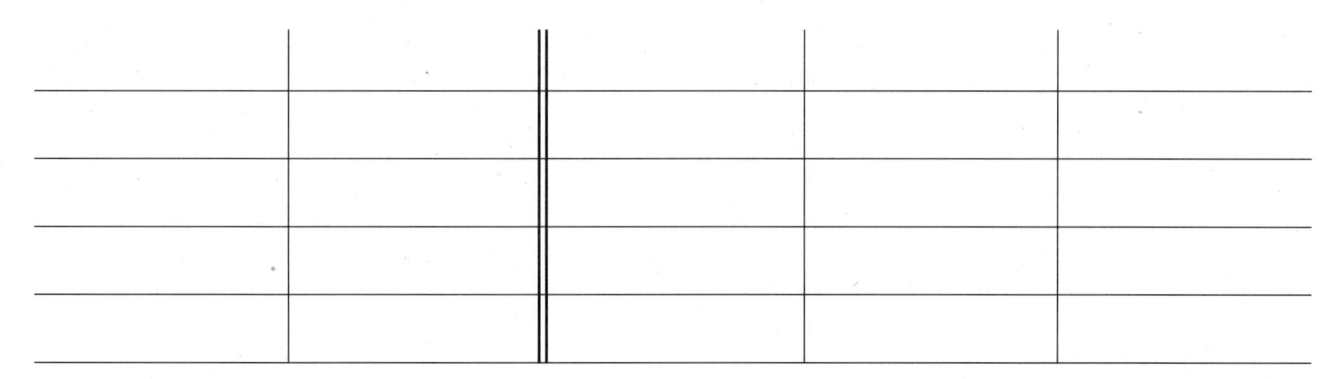

Unter Berücksichtigung der Stellenwerttafel kann man schreiben:

$0{,}325 = 0 \cdot 1 + 3 \cdot \frac{1}{10} + 2 \cdot \frac{1}{100} + 5 \cdot \frac{1}{1000} = 0 \cdot 10^0 + 3 \cdot 10^{-1} + 2 \cdot 10^{-2} + 5 \cdot 10^{-3}$

Aufgabe 2
Schreibe entsprechend:

a) 28,35 = _____ = _____

b) 1,007 = _____ = _____

c) 3,14 = _____ = _____

d) 0,010 = _____ = _____

Umgekehrt kann man schreiben:

$0 \cdot 10^0 + 2 \cdot 10^{-1} + 7 \cdot 10^{-2} = 0 + \frac{2}{10} + \frac{7}{100} = \frac{20}{100} + \frac{7}{100} = \frac{27}{100} = 0{,}27$

A 31 Dezimalbrüche und Potenzen

Aufgabe 3
Verwandle ebenso:

a) $2 \cdot 10^1 + 4 \cdot 10^0 + 0 \cdot 10^{-1} + 1 \cdot 10^{-2}$

   = ___ + ___ + ─── + ───

   = ___ ───

   = _____

b) $3 \cdot 10^0 + 6 \cdot 10^{-1} + 9 \cdot 10^{-2} + 2 \cdot 10^{-3}$

   = ___ + ─── + ─── + ───

   = ___ + ─── + ─── + ───

   = ___ ───

   = _____

c) $0 \cdot 10^0 + 5 \cdot 10^{-1} + 0 \cdot 10^{-2} + 8 \cdot 10^{-3}$

   = ___ + ─── + ─── + ───

   = ___ + ─── + ─── + ───

   = ___ . ───

   = _____

d) $4 \cdot 10^2 + 0 \cdot 10^1 + 1 \cdot 10^0 + 1 \cdot 10^{-1}$

   = ___ + ___ + ___ + ───

   = ___ + ___ + ___ + ───

   = ___ ───

   = _____

Terme, bei denen eine Null als Faktor steht, kann man weglassen. Beim Zurückverwandeln musst du allerdings daran denken eine Null hinzuzuschreiben.
Beispiel:
$1{,}05 = 1 \cdot 10^0 + 0 \cdot 10^{-1} + 5 \cdot 10^{-2} = 1 \cdot 10^0 + 5 \cdot 10^{-2}$
und
$2 \cdot 10^{-1} + 7 \cdot 10^{-3} = 0 \cdot 10^0 + 2 \cdot 10^{-1} + 0 \cdot 10^{-2} + 7 \cdot 10^{-3} = 0{,}207$

Aufgabe 4
Verwandle entsprechend:

a) 3,067

   = ___ · ___ + ___ · ___ + ___ · ___ + ___ · ___

   = ___ · ___ + ___ · ___ + ___ · ___

b) $8 \cdot 10^0 + 6 \cdot 10^{-1} + 1 \cdot 10^{-3}$

   = _____

   _____ = _____

c) 10,04

   = _____

   = _____

d) $3 \cdot 10^2 + 0 \cdot 10^1 + 0 \cdot 10^0 + 5 \cdot 10^{-1}$

   = _____

   = _____

Aufgabe 5
Schreibe als Dezimalbruch:

a) $2 \cdot 10^1 + 4 \cdot 10^{-1} + 9 \cdot 10^{-2} + 1 \cdot 10^{-3}$ = _____

b) $5 \cdot 10^2 + 7 \cdot 10^0 + 1 \cdot 10^{-1} + 6 \cdot 10^{-2}$ = _____

c) $8 \cdot 10^1 + 4 \cdot 10^0 + 7 \cdot 10^{-1} + 5 \cdot 10^{-4}$ = _____

d) $6 \cdot 10^2 + 9 \cdot 10^{-1} + 9 \cdot 10^{-4}$ = _____

Kettenbrüche A 32

Der Bruch $1 + \dfrac{1}{2 + \dfrac{1}{3}}$ ist ein **Kettenbruch**.

Du kannst ihn in einen „gewöhnlichen" Bruch verwandeln, indem du – mit der untersten Summe beginnend – schrittweise ausrechnest:

$$1 + \dfrac{1}{2 + \dfrac{1}{3}} = 1 + \dfrac{1}{\dfrac{7}{3}} = 1 + \dfrac{3}{7} = 1\dfrac{3}{7} = \dfrac{10}{7}$$

Aufgabe 1
Verwandele die Kettenbrüche in gewöhnliche Brüche:

a) $1 + \dfrac{1}{4 + \dfrac{1}{6}} = 1 + \dfrac{1}{\underline{}} = 1 + \dfrac{\underline{}}{\underline{}} = 1\dfrac{\underline{}}{\underline{}} = \dfrac{\underline{}}{\underline{}}$

b) $1 + \dfrac{1}{2 + \dfrac{1}{3 + \dfrac{1}{4}}} = 1 + \dfrac{1}{2 + \dfrac{1}{\underline{}}} = 1 + \dfrac{1}{2 + \underline{}} = 1 + \dfrac{1}{\underline{}} = 1 + \dfrac{\underline{}}{\underline{}} = 1\dfrac{\underline{}}{\underline{}} = \dfrac{\underline{}}{\underline{}}$

c) $2 + \dfrac{1}{1 + \dfrac{1}{2 + \dfrac{1}{3}}} =$

Dir ist sicherlich schon aufgefallen, dass die Zähler der Teilbrüche eines Kettenbruchs immer aus Einsen bestehen. Das muss nicht unbedingt so sein, aber wir wollen uns hier nur auf solche Kettenbrüche beschränken.

Aufgrund dieser Vereinbarung kann man Kettenbrüche nun viel einfacher ohne Bruchstriche schreiben:

$\boxed{1} + \dfrac{1}{②+ \dfrac{1}{③}} = [\boxed{1}; ②, ③]$

Beachte, dass vor dem Semikolon die Ganzen stehen.

Aufgabe 2
Schreibe die Kettenbrüche aus Aufgabe 2 in der Kurzschreibweise ohne Bruchstriche.

a) $\boxed{1} + \dfrac{1}{④ + \dfrac{1}{⑥}} = [\boxed{}; \bigcirc, \bigcirc]$

b) $1 + \dfrac{1}{2 + \dfrac{1}{3 + \dfrac{1}{4}}} = [\underline{}; \underline{}, \underline{}, \underline{}]$

A 32 Kettenbrüche

c) $1 + \cfrac{1}{2 + \cfrac{1}{1 + \cfrac{1}{3}}} = [\underline{}; \underline{}, \underline{}, \underline{}]$

Aufgabe 3
Schreibe als Kettenbruch und verwandele in einen gewöhnlichen Bruch.

a) $[1; 2, 4, 8] = $ _____

b) $[3; 2, 1, 5] = $ _____

c) $[1; 1, 1, 1] = $ _____

Kann man einen gegebenen Bruch in einen Kettenbruch verwandeln?
Na klar! Zum Beispiel:

$\dfrac{79}{60} = 1 + \dfrac{19}{60} = 1 + \dfrac{1}{\frac{60}{19}} = 1 + \cfrac{1}{3 + \frac{3}{19}} = 1 + \cfrac{1}{3 + \cfrac{1}{\frac{19}{3}}} = 1 + \cfrac{1}{3 + \cfrac{1}{6 + \frac{1}{3}}} = [1; 3, 6, 3]$

Übrigens! Das Verfahren endet genau dann, wenn im Zähler des Restbruchs eine 1 auftaucht.

Beispiel: $\dfrac{1}{3}$, $\dfrac{1}{\frac{3}{1}} = \dfrac{1}{3}$

Aufgabe 4
Verwandle die Brüche in Kettenbrüche.

a) $\dfrac{62}{13} = \underline{} + \dfrac{\text{---}}{13} = \underline{} + \cfrac{1}{\frac{13}{\text{---}}} = \underline{} + \cfrac{1}{\text{---} + \frac{\text{---}}{\text{---}}} = \underline{} + \cfrac{1}{\text{---} + \cfrac{1}{\frac{\text{---}}{\text{---}}}} = \underline{} + \cfrac{1}{\text{---} + \cfrac{1}{\text{---} + \frac{1}{\text{---}}}} = \underline{} + \cfrac{1}{\text{---} + \cfrac{1}{\text{---} + \cfrac{1}{\text{---} + \underline{1}}}} = [\underline{}; \underline{}, \underline{}, \underline{}]$

b) $\dfrac{157}{68} = \underline{} + \dfrac{\text{---}}{68} = \underline{} + \cfrac{1}{\frac{68}{\text{---}}} = \underline{} + \cfrac{1}{\text{---} + \frac{\text{---}}{\text{---}}} = \underline{} + \cfrac{1}{\text{---} + \cfrac{1}{\frac{\text{---}}{\text{---}}}} = \underline{} + \cfrac{1}{\text{---} + \cfrac{1}{\text{---} + \frac{1}{\text{---}}}} = \underline{} + \cfrac{1}{\text{---} + \cfrac{1}{\text{---} + \cfrac{1}{\text{---} + \underline{1}}}} = [\underline{}; \underline{}, \underline{}, \underline{}]$

Flächenverwandlungen **K 1**

Didaktisch-methodischer Kommentar

Es bedeutet

ⓐ ab welcher Klassenstufe die Einheit geeignet ist,
ⓑ welche Voraussetzungen benötigt werden,
ⓒ didaktisch-methodische Bemerkungen und
ⓓ Lösungen zu den Aufgaben.

1 Flächenverwandlungen

ⓐ Klasse 7
ⓑ Eigenschaften von Dreiecken und Vierecken, Schere
ⓒ In dieser Einheit sollen Schülerinnen und Schüler zum selbstständigen Probieren angeleitet werden. Durch das Zerschneiden und neu Zusammenlegen von Figuren wird der Blick für deren Eigenschaften geschärft. Das Zerlegen von Figuren in Teilflächen, das bei vielen geometrischen Beweisen eine wichtige Rolle spielt, wird hier zwanglos praktiziert. Der manuelle Umgang mit den Objekten als Ergänzung des ansonsten eher kognitiv ausgerichteten Unterrichts kann motivationsfördernd sein.

ⓓ

Aufgabe 1

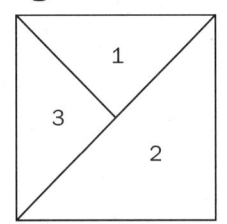

Aufgabe 2
a) z.B. 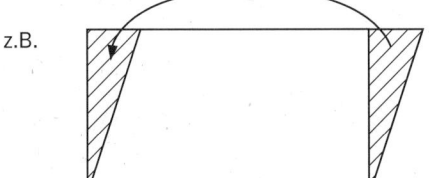
b)

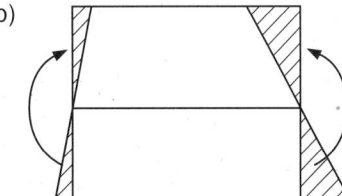

Aufgabe 3
a) b)

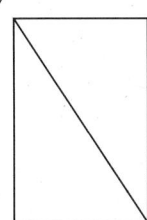

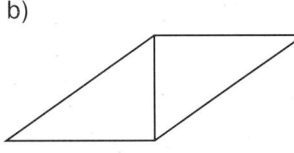

Aufgabe 4
a) b)

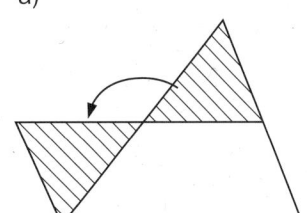

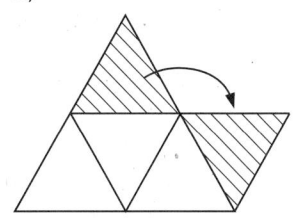

Aufgabe 5 8 : 4 bzw. 2 : 1

Aufgabe 6 a) 6 : 4 bzw. 3 : 2; b) Es geht nicht, da bei dieser Aufteilung kein rechter Winkel entsteht.

Aufgabe 7

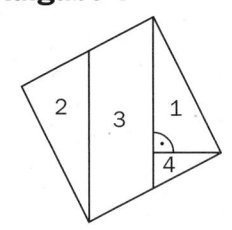

Aufgabe 8

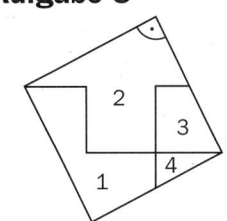

K 2 Flächen in Punktgittern

ⓐ Klasse 7
ⓑ Flächeninhaltsformeln ebener Figuren
ⓒ Diese Einheit befasst sich mit beliebigen Polygonen, deren Ecken Gitterpunkte in einem quadratischen Punktgitter sind. Als Einheit für den Abstand der Punkte des Gitters kann jede beliebige Einheit gewählt werden, zweckmäßig ist wohl 1 cm.

Der Flächeninhalt solcher Polygone lässt sich mithilfe der Formel $A = \frac{r}{2} - 1 + i$

sehr einfach berechnen, wobei r die Anzahl der Randpunkte (Gitterpunkte, die auf dem Rand der Figur liegen) und i die Anzahl der Innenpunkte (Gitterpunkte, die innerhalb der Figur liegen) bedeutet.
Dieser verblüffende Zusammenhang wird zunächst an einfachen, dann auch an komplizierteren Polygonen mithilfe der bekannten Flächeninhaltsformeln überprüft, jedoch nicht bewiesen. Dabei können die Formeln zur Berechnung von Flächeninhalten aufgefrischt werden.

ⓓ

Aufgabe 1

$A_Q = 3^2$ cm² = 9 cm² $\qquad A_D = \frac{1}{2} \cdot 3 \cdot 3$ cm² = 4,5 cm² $\qquad A_T = \frac{3+1}{2} \cdot 3$ cm² = 6 cm²

Aufgabe 2

	r	i	$A = \frac{r}{2} - 1 + i$	Flächeninhalt
Quadrat	12	4	9	$A_Q = 9$ cm²
Dreieck	5	3	4,5	$A_D = 4{,}5$ cm²
Trapez	8	3	6	$A_T = 6$ cm²

Aufgabe 3

$A_R = 3 \cdot 2$ cm² = 6 cm² $\qquad A_P = 4 \cdot 2$ cm² = 8 cm² $\qquad A_D = \frac{1}{2} \cdot 2 \cdot 2$ cm² = 2 cm²

Aufgabe 4

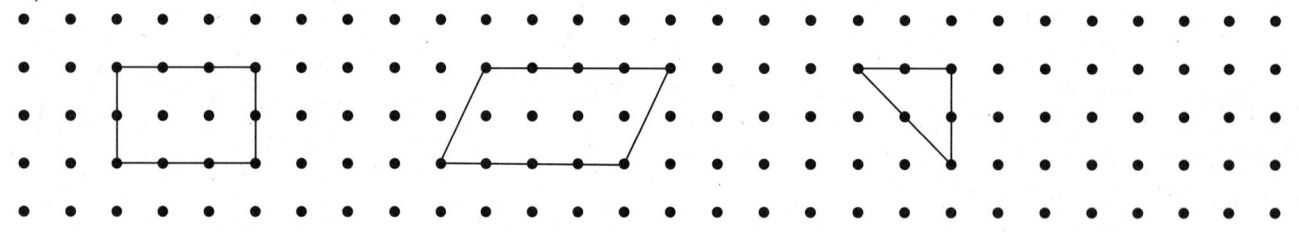

a)

b)

	r	i	$A = \frac{r}{2} - 1 + i$	Flächeninhalt
Rechteck	10	2	6	$A_R = 6$ cm²
Parallelogramm	10	4	8	$A_P = 8$ cm²
Dreieck	6	0	2	$A_D = 2$ cm²

Aufgabe 5

a) r = 10, i = 10, A = 14 cm²
b) $A_1 = 3$ cm², $A_2 = 2$ cm², $A_3 = 1$ cm², $A_4 = 6$ cm², $A_5 = 2$ cm², A = 14 cm²

Aufgabe 6

r = 21, i = 27, A = 36,5 cm²

Kreuzungsfreie Linienführungen K 3

ⓐ Klasse 7
ⓑ keine
ⓒ Die vorliegende Thematik stammt aus der anschaulichen Topologie. Dort definiert man in der Ebene eine einfach geschlossene Kurve (Kurve ohne Überschneidungen), die die Ebene in zwei Gebiete zerlegt, die keine gemeinsamen Punkte besitzen. Nach dem JORDANschen Kurvensatz folgt nun, dass es unmöglich ist, einen Punkt des einen Gebiets mit einem Punkt des anderen Gebiets zu verbinden ohne dabei die Kurve zu schneiden. Ohne diesen Hintergrund zu kennen sollen Schülerinnen und Schüler in dieser Einheit durch systematisches Probieren zu Ergebnissen gelangen. Erst in Aufgabe 6b) könnten Gemeinsamkeiten in den Aufgabenstellungen oder Lösungen thematisiert werden. Hier ist aber schon ein erhebliches Abstraktionsvermögen gefordert.
ⓓ

Aufgabe 1
z. B.

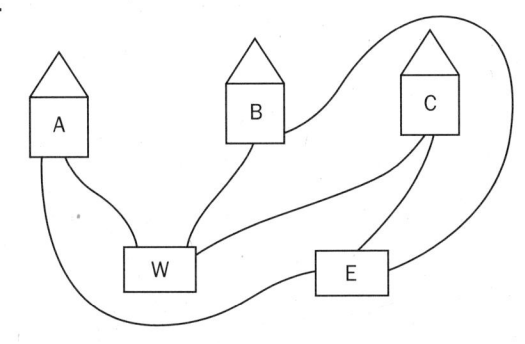

Aufgabe 2
keine Lösung möglich

Aufgabe 3
z. B.

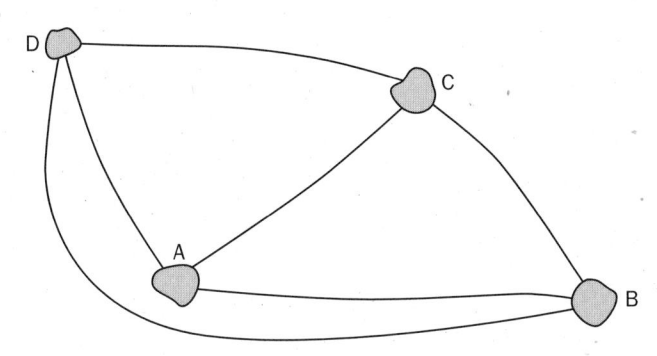

Aufgabe 4
a) und b) unlösbar. Man kann einen solchen Plan für bis zu 4 Orte zeichnen.

Aufgabe 5
z. B.

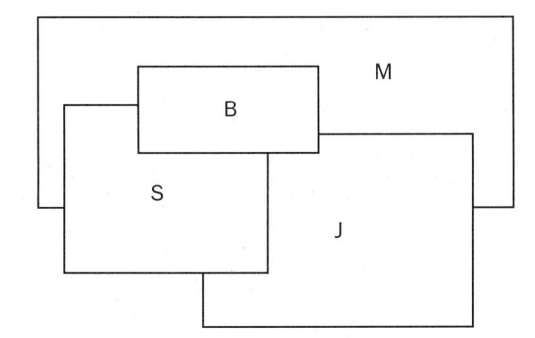

Aufgabe 6
a) unlösbar
b) Es handelt sich um eine gleichartige Aufgabenstellung. Man erkennt das, wenn man etwa in jeden Claim ein Haus zeichnet und die Häuser kreuzungsfrei verbindet.

K 4 Kürzeste Wege

ⓐ Klasse 7
ⓑ Geradenspiegelung
ⓒ Die Bestimmung kürzester Wege (Minimalwege) erfolgt hier mithilfe der Geradenspiegelung. Zur Begründung der Minimalität verwendet man die Eigenschaft, dass die Geradenspiegelung eine Kongruenzabbildung ist und die Bilder von Strecken gleich lange Strecken sind.
Nachdem das Konstruktionsprinzip an einer einfachen Aufgabe erarbeitet wurde, folgen Aufgaben, bei denen die Grundkonstruktion jeweils zweimal angewendet werden muss.
Insbesondere am Anfang der Einheit wird der Schüler zu einem heuristisch-forschenden Vorgehen angeleitet.
ⓓ

Aufgabe 1
Der kürzeste Weg ist c).

Aufgabe 3
Sie sind gleich lang.

Aufgabe 4
a) – d)

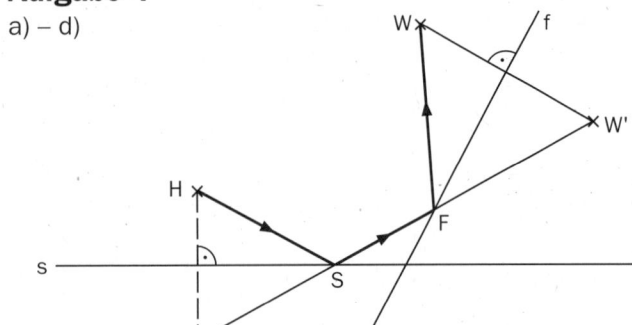

Die Konstruktionen zu den **Aufgaben 5** und **6** sind entsprechend.

K 5 Die Familie der Vierecke

ⓐ Klasse 7
ⓑ Vierecke, Symmetrie, Schere, Klebstoff
ⓒ In dieser Einheit besteht Gelegenheit grundlegende Eigenschaften von Vierecken zu wiederholen. Schwerpunkte sind dabei Parallelität von Seiten, Gleichheit von Winkelgrößen und Symmetrien. Ziel ist eine Hierarchisierung der Figuren aufgrund ihrer Eigenschaften vom unregelmäßigen allgemeinen Viereck zum regelmäßigen Quadrat.
ⓓ

Aufgabe 1
a) Raute, Trapez, Rechteck, Parallelogramm, Drachen, Quadrat
b) – g) und

Aufgabe 2

Anzahl	Drachenviereck	Parallelogramm	Quadrat	Raute	Rechteck	Trapez
Paare paralleler Seiten	–	2 Paare	2 Paare	2 Paare	2 Paare	1 Paar
gleich lange Seiten	2 Paare	2 Paare	4	4	2 Paare	–
gleich große Winkel	2 Paare	2 Paare	4	2 Paare	4	–
rechte Winkel	–	–	4	–	4	–
Symmetrieachsen	1	–	4	2	2	–
Punktsymmetrie (ja/nein)	nein	ja	ja	ja	ja	–

Die Familie der Vierecke K 5

Aufgabe 3

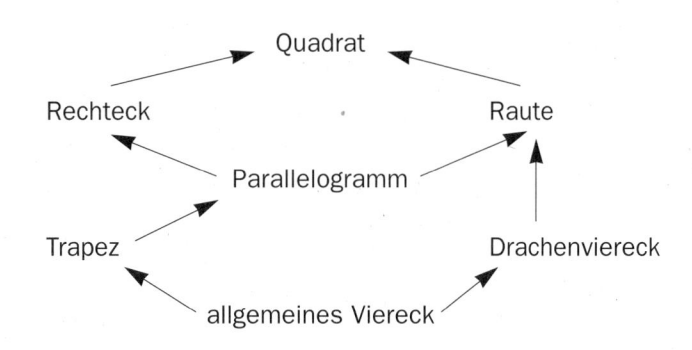

```
                    Quadrat
                   ↗        ↖
          Rechteck            Raute
               ↖            ↗  ↑
                Parallelogramm
               ↗
         Trapez          Drachenviereck
              ↖         ↗
              allgemeines Viereck
```

Schräge Spiegelungen K 6

ⓐ Klasse 7
ⓑ Geradenspiegelung, Vierecke
ⓒ Im Gegensatz zur Kongruenzabbildung „Geradenspiegelung" wird die affine Abbildung „Schrägspiegelung" im Unterricht der Sekundarstufe I nicht behandelt. Sie ist jedoch leicht zu erlernen und bereichert die klassische Kongruenzgeometrie. Insbesondere die Untersuchung bekannter Figuren auf Schrägsymmetrie lässt diese unter einem anderen Licht erscheinen und zeigt bisher verborgene Zusammenhänge auf, z. B. bei der Klassifizierung der Vierecke.
ⓓ

Aufgabe 4

a)

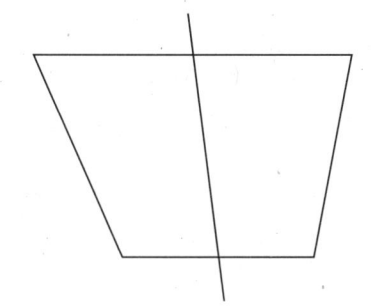

b)

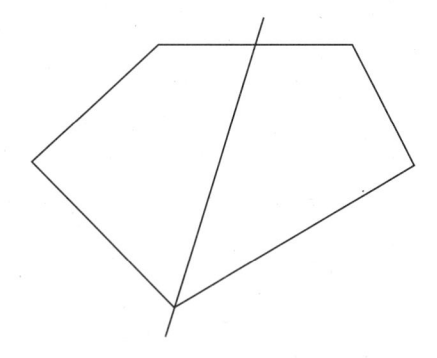

c) keine

K 6 Schräge Spiegelungen

Aufgabe 5

Figur	senkrechte Spiegelachsen	Schrägspiegelachsen
Quadrat	4	0
Rechteck	2	2
Raute	2	2
Parallelogramm	0	4
symmetrisches Trapez	1	0
Drachen	1	0
Trapez	0	1
schiefer Drachen	0	1
allgemeines Viereck	0	0

Hinweis: Senkrechte Spiegelachsen sind Sonderfälle von Schräg-Spiegelachsen, also in ihnen enthalten. Zur besseren Unterscheidung werden sie in der Tabelle jedoch getrennt aufgeführt.

K 7 Parkette

ⓐ Klasse 7
ⓑ Kenntnisse von ebenen Figuren und Winkeln
ⓒ Die hier durchzuführenden Betrachtungen sind mathematisch elementar. Alle Fälle lassen sich mit Tabellen systematisch erfassen. Es wird auf anschauliche Weise deutlich, dass es nur endlich viele Fälle geben kann. Auf dem ersten Arbeitsblatt werden die notwendigen Begriffe wie Bestimmungsdreieck und Innenwinkel vorbereitet. Auf dem zweiten Blatt wird dann das eigentliche Problem gelöst. Die Rahmenhandlung soll motivierend wirken und die Spannung erhalten.
ⓓ

Aufgabe 1
a) Quadrat: 90°   Sechseck: 60°   Achteck: 45°
b) Quadrat: 45°   Sechseck: 60°   Achteck: 67,5°

Aufgabe 2
Quadrat: 90°   Sechseck: 120°   Achteck: 135°

Aufgabe 3

Anzahl der Ecken	3	4	5	6	7	8	9	10
Größe der Innenwinkel	60°	90°	108°	120°	128,6°	135°	140°	144°

Aufgabe 4
a) $360° - 3 \cdot 108° = 36°$
b) $4 \cdot 108° - 360° = 72°$

Parkette **K 7**

Aufgabe 5

a)

Anzahl der Ecken	3	4	5	6	7	8	9	10
Größe der Innenwinkel	60°	90°	108°	120°	128,6°	135°	140°	144°
Teiler von 360° (falls ja, wie oft)	6	4	nein	3	nein	nein	nein	nein

b) „Kunigundes Traumfliese" ist sechseckig.

Die Platonischen Körper **K 8**

ⓐ Klasse 7
ⓑ Kenntnisse von Körpern, Schere, Klebstoff
ⓒ Es ist sinnvoll, diese Einheit nach der über Parkette zu behandeln, sie kann jedoch auch allein für sich stehen. Ziel der Einheit ist die Einsicht, dass es nur genau 5 dieser Körper geben kann. Unter diesem Aspekt gerät der allseits bekannte Würfel unter ein anderes Licht. Als „Werkzeug" zur Erlangung der Einsicht dient die Herstellung und Untersuchung „räumlicher Ecken". Hierbei spielt auch wieder die Winkelsumme eine gewichtige Rolle – und zwar als Kriterium, ob eine solche Ecke aus vorgegebenen Vielecken zusammengesetzt werden kann oder nicht. Es ist klar, dass derartige Überlegungen nicht nur theoretisch, sondern auch praktisch durchgeführt werden sollten. Ebenso sind auch die Netze der 5 Körper auszuschneiden und zusammenzukleben. Dabei kann die Frage interessant sein, wo sinnvollerweise Klebefalze angebracht werden sollten.
Bei der Betrachtung der Platonischen Körper könnte besonderes Augenmerk auf die Regelmäßigkeit gelegt werden. Je nach Lerngruppe könnten hier auch Symmetrieeigenschaften untersucht werden.
ⓓ

Aufgabe 3

Art der Flächen	Anzahl der Flächen für eine räumliche Ecke	entstehender Gesamtwinkel	Name des Körpers
Dreieck	3	3 · 60° = 180°	Tetraeder
Dreieck	4	4 · 60° = 240°	Oktaeder
Dreieck	5	5 · 60° = 300°	Ikosaeder
Quadrat	3	3 · 90° = 270°	Würfel
Fünfeck	3	3 · 108° = 324°	Dodekaeder

Der Eulersche Polyedersatz **K 9**

ⓐ Klasse 7
ⓑ Kenntnisse von elementaren Körpern
ⓒ Das genaue Beobachten steht im Mittelpunkt dieser Einheit. Anhand unterschiedlicher Beispiele wird die – zunächst verblüffende – Aussage des Eulerschen Polyedersatzes erarbeitet.
Der Satz besagt, dass für konvexe (Eulersche) Polyeder die Beziehung $F + E - K = 2$ immer gilt. (Für andere Körper gilt sie im Allgemeinen nicht.) Konvex ist ein Körper dann, wenn für je zwei beliebige Punkte des Körpers auch die Strecke zwischen den beiden Punkten vollständig im Körper liegt.
In Aufgabe 3 ist Gelegenheit zur Abgrenzung gegeben, da der Satz ja nicht für alle Körper gilt. Dabei könnten die beiden wesentlichen Begriffe „Polyeder" und „Konvexität" eingeführt und erläutert werden.
Neben den hier aufgeführten Beispielen könnte Raum für Fantasie gegeben werden, indem völlig beliebige Körper konstruiert und untersucht werden.

K 9 Der EULERsche Polyedersatz

ⓓ

Aufgabe 1
a) F = 6, E = 8, K = 12
b) F + E − K = 6 + 8 − 12 = 2

Aufgabe 2
a) F = 5, E = 5, K = 8   F + E − K = 2
b) F = 8, E = 6, K = 12   F + E − K = 2
c) F = 6, E = 8, K = 12   F + E − K = 2
d) F = 5, E = 6, K = 9   F + E − K = 2

Aufgabe 3
a) F = 7, E = 10, K = 15   F + E − K = 2
b) F = 7, E = 8, K = 13   F + E − K = 2
c) F = 11, E = 16, K = 24   F + E − K = 3 nicht konvex!
d) F = 9, E = 9, K = 16   F + E − K = 2
e) F = 3, E = 0, K = 2   F + E − K = 1 kein Polyeder!
f) F = 2, E = 2, K = 1   F + E − K = 3 kein Polyeder!

Aufgabe 4
Anzukreuzen sind a), c) und e).

K 10 Rund um die Uhr

ⓐ Klasse 7
ⓑ keine
ⓒ Den mathematischen Kern dieser Einheit bildet die Division mit Rest. Insbesondere lässt sich elementar beweisen, dass jede Zehnerpotenz, die größer oder gleich 100 ist, bei der Division durch 12 den Rest 4 ergibt. Es wird zur Lösung der Aufgaben eine normale Analoguhr mit 12-Stunden-Ziffernblatt zugrunde gelegt. Andernfalls müsste man die Betrachtungen anhand der Division durch 24 durchführen.
ⓓ

Aufgabe 1
47 : 5 = 9 Rest 2;   100 : 3 = 33 Rest 1;   98 : 10 = 9 Rest 8;   56 : 12 = 4 Rest 8

Aufgabe 2
100 : 12 = 8 Rest 4;   1000 : 12 = 83 Rest 4;   10 000 : 12 = 833 Rest 4;   100 000 : 12 = 8333 Rest 4
Der Rest ist immer gleich 4.

Aufgabe 3
a) 1587 : 12
Tausender: 1, d. h. Rest 1 · 4 = 4
Hunderter: 5, d. h. Rest 5 · 4 = 20, noch einmal durch 12 teilbar   20 = 1 · 12 Rest 8
Zehner und Einer zusammen   87, d. h.   87 = 7 · 12 Rest 3
Summe aller Reste   4 + 8 + 3 = 15, noch durch 12 teilbar   15 = 1 · 12 Rest 3
Ergebnis: 1587 : 12 besitzt den Rest 3.
b) 53 902 : 12 besitzt den Rest 10

Aufgabe 4
271 273 : 12 ergibt den Rest 1; es ist dann 8.05 Uhr.

Rund um die Uhr K 10

Aufgabe 5
a) Rest 8, Uhrzeit 16.20 Uhr
b) Rest 4, Uhrzeit 12.20 Uhr
c) Rest 3, Uhrzeit 11.20 Uhr

Die FIBONACCI-Zahlen K 11

ⓐ Klasse 7
ⓑ Indexschreibweise
ⓒ Ein ausgesprochen ergiebiges Gebiet mathematischer Forschungen sind die FIBONACCI-Zahlen. Die zugrunde liegende Theorie wird jedoch schnell sehr schwierig und reicht in viele andere Gebiete der Mathematik hinein. Hiermit beschäftigen sich insbesondere die FIBONACCI-Gesellschaft und die Zeitschrift FIBONACCI-Quarterly. Bei der FIBONACCI-Folge handelt es sich um eine rekursiv definierte Folge, bei der neben der Rekursionsvorschrift zwei Anfangswerte bekannt sein müssen. Es sollte darauf hingewiesen werden, dass es bei derartigen Folgen unmöglich ist, ein neues Folgeglied zu bestimmen, wenn man nicht die vorherigen Folgeglieder schon kennt.
ⓓ

Aufgabe 2
a) 5, 8

b)

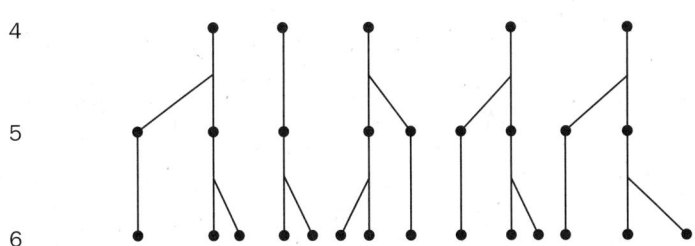

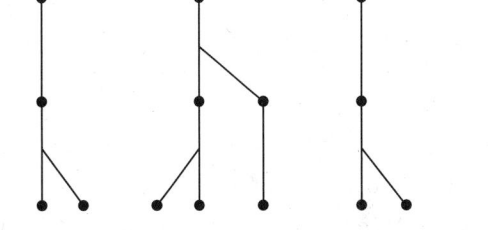

Aufgabe 3
1, 1, 2, 3, 5, 8

Aufgabe 4
a)

n	0	1	2	3	4	5	6	7	8	9	10
f_n	f_0	f_1	f_2	f_3	f_4	f_5	f_6	f_7	f_8	f_9	f_{10}
Zahl	1	2	3	5	8	13	21	34	55	89	144

Aufgabe 5
a) 1, 3, 4, 7, 11, 18, 29, 47, 76, 123, 199, …
b) 1, 4, 5, 9, 14, 23, 37, 60, 97, 157, 254, …
c) 2, 2, 4, 6, 10, 16, 26, 42, 68, 110, 178, …
d) 0, 3, 3, 6, 9, 15, 24, 39, 63, 102, 165, …

K 12 Zahlensiebe

ⓐ Klasse 7
ⓑ Primzahlen
ⓒ Schon in der Antike war das „Sieb des ERATOSTHENES", bekannt. Weitere mathematische Siebe sind aber erst in der neueren Zeit untersucht worden, wie die so genannten „glücklichen Zahlen" von ULAM (1959). Derartige Zahlenfolgen spielen in der Primzahltheorie eine wichtige Rolle, insbesondere bei dem Primzahlsatz, mit dessen Hilfe man die Anzahl der Primzahlen bis zu einer festen Schranke abschätzen kann.

Obwohl es sich bei den mathematischen Sieben um ein entlegenes Kapitel aus der Zahlentheorie handelt, ergibt sich eine für Schüler ungewohnte und interessante Methode des „Aussiebens von Zahlen". Da die Forschungen in diesem Bereich noch nicht abgeschlossen und die Beweise kompliziert sind, erübrigen sich jedoch theoretische Untersuchungen.

ⓓ

Aufgabe 1
b) 4, 6, 8, 10, 12, 14, 16, 18, 20
d) 9, 15
e) Die Zahlen 10, 15 und 20 wurden schon vorher durchgestrichen.

Aufgabe 2
b) 4, 6, 8, 10, ...
c) 6, 9, 12, 15, ...
d) 10, 15, 20, 25, ...
e) 7; 7; siebente
f) 22, 33, 44, ..., 99; keine

Aufgabe 3
Es sind genau die Primzahlen.

Aufgabe 4
a) 2, 4, 8, 10, ...
b) 5, 11, 17, 23, 29, 35, 41, 47, 53, 59, 65, 71, 77, 83, 89, 95
c) 19, 39, 61, 81
d) jede 9. der verbliebenen wird gestrichen: 27, 57, 91
   jede 13. der verbliebenen wird gestrichen: 45, 97
   jede 15. der verbliebenen wird gestrichen: 55
   jede 21. der verbliebenen wird gestrichen: 85
e) 1, 3, 7, 9, 13, 15, 21, 25, 31, 33, 37, 43, 49, 51, 63, 67, 69, 73, 75, 79, 87, 93, 99

Aufgabe 5
a) Glückliche Zahlen: 23, Primzahlen: 25
   (bei höheren Schranken als 100 sind es ungefähr gleich viele Zahlen)
b) 3, 7, 13, 31, 37, 43, 67, 73, 79

Gibt es unendlich viele Primzahlen? **K 13**

ⓐ Klasse 7
ⓑ Primzahlen
ⓒ Der Beweis für die Aussage, dass es unendlich viele Primzahlen gibt, geschieht indirekt. Die gegenteilige Annahme, die Anzahl der Primzahlen sei endlich (das heißt, es existiere eine größte Primzahl), wird mit wenigen Überlegungen zum Widerspruch geführt. Infolgedessen gilt die Negation der Annahme.
Diese Beweismethode, die sonst im Unterricht kaum behandelt wird, eröffnet einen besonders interessanten Aspekt der Mathematik.
Zur Veranschaulichung des Beweisgangs und der benötigten Hilfsmittel dienen die Aufgaben, in denen die wesentlichen Gedanken beispielhaft nachvollzogen werden. Dadurch wird ein abstrakter Beweis auch für Schülerinnen und Schüler nachvollziehbar.
ⓓ

Aufgabe 1
Primzahlen sind: 41, 59, 23, 17, 91, 29, 71, 17 und 2

Aufgabe 2

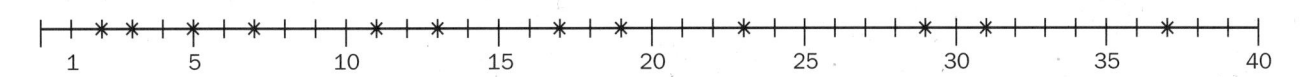

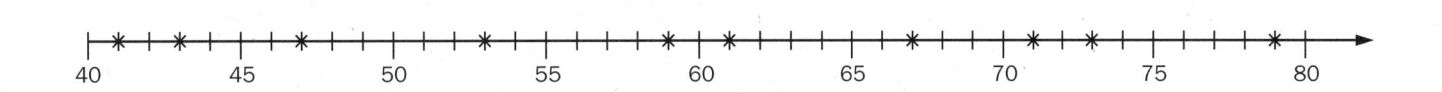

Aufgabe 3
a) 30
b) 210
c) 2310
d) 30 030

Aufgabe 4
a) 211 ist eine Primzahl (11, 13, 17 sind nicht Teiler von 211)
b) 30 031 ist keine Primzahl, sie ist durch 59 teilbar.

Aufgabe 5
a) 30 031 = 59 · 509
b) größer

Aufgabe 6
$p_7 = 17$, $P_7 = 510\,510$, $P_7 + 1 = 510\,511$,
510 511 ist teilbar durch 19, 19 ist größer als 17.

K 14 Zahlen aus Figuren

ⓐ Klasse 7
ⓑ keine
ⓒ Bei den Dreiecks-, Vierecks- (Quadrat-), Fünfecks- und Sechseckszahlen handelt es sich um Zahlenfolgen, die nicht nur über ein Bildungsgesetz, sondern auch anschaulich definiert werden können. Dadurch kann der Begriff der Zahlenfolge propädeutisch und ohne theoretische Überlegungen thematisiert werden.
Wie man insbesondere an den Fünfecks- und Sechseckszahlen sehen kann, ist die richtige Anordnung der Punkte nicht immer trivial. Gefordert wird die Fähigkeit Strukturen zu erkennen und richtig fortzusetzen. Es kann dabei hilfreich sein, Geraden durch die Eckpunkte der Vielecke zu zeichnen, um die Eckpunkte der nächsten Figur festzulegen.
ⓓ

Aufgabe 1
a) 1, 3, 6, 10
n) nein

Aufgabe 2
a) 15, 21
b) 55

Aufgabe 3
$n = 4$: 10, $n = 10$: 55, $n = 200$: 20 100

Aufgabe 4
a) 1, 4, 9, 16
b) $1 + 3 + 5 + 7 = 16$
   $1 + 3 + 5 + 7 + 9 = 25$
c) Es sind die Quadratzahlen.

Aufgabe 5
a) 1, 5, 12, 22
b) 35

Aufgabe 6
a) 1, 6, 15, 28
b) 45

K 15 Zahlentheoretische Funktionen

ⓐ Klasse 8
ⓑ Primzahlen, Funktionsbegriff
ⓒ Die zahlentheoretischen Funktionen – von denen hier nur die Teilerfunktion und die Teilersummenfunktion betrachtet werden – sind für die Mathematik im Allgemeinen und für die Zahlentheorie im Besonderen von fundamentaler Bedeutung. Ganze Lehrbücher beschäftigen sich seit EUKLIDS Zeiten mit ihnen, sodass hier auf eine Aufzählung von Einzelaspekten verzichtet werden kann. Der Zugang zu diesen Funktionen ist elementar und leicht nachvollziehbar, obwohl die Zahlentheorie ein eher abstraktes Gebiet ist. Die innermathematische Bedeutung lässt sich von Schülern allenfalls erahnen.

Zahlentheoretische Funktionen **K 15**

ⓓ

Aufgabe 1
a) 8: 1, 2, 4, 8
b) 24: 1, 2, 3, 4, 6, 8, 12, 24
c) 39: 1, 3, 13, 39
d) 75: 1, 3, 5, 15, 25, 75

Aufgabe 2
a) nur die 1
b) alle Primzahlen

Aufgabe 3
a) d(8) = 4
b) d(100) = 9
c) d(29) = 2
d) d(63) = 6

Aufgabe 4

n	1	2	3	4	5	6	7	8	9	10	11	12
d(n)	1	2	2	3	2	4	2	4	3	4	2	6

n	13	14	15	16	17	18	19	20	21	22	23	24
d(n)	2	4	4	5	2	6	2	6	4	4	2	8

Aufgabe 5
Man darf die Punkte nicht miteinander verbinden, da die Funktion nur für natürliche Zahlen definiert ist.

Aufgabe 6
a) $\sigma(8) = 15$
b) $\sigma(15) = 24$
c) $\sigma(29) = 30$
d) $\sigma(99) = 156$

Aufgabe 7
Primzahlen

Aufgabe 8
6, denn $\sigma(6) = 12 = 2 \cdot 6$ und 28, denn $\sigma(28) = 56 = 2 \cdot 28$

K 16 Stellenwertsysteme

ⓐ Klasse 7
ⓑ keine
ⓒ Durch das Aufkommen von Computern in nahezu allen Lebensbereichen hat das Rechnen in anderen Stellenwertsystemen (Dual- und Hexadezimalsystem) eine offensichtliche Anwendungsmöglichkeit erhalten.
Die Behandlung von Stellenwertsystemen ist im Stoffplan der 5. und 6. Klasse vorgesehen. Diese Einheit ist so angelegt, dass sie auch von Schülerinnen und Schülern bearbeitet werden kann, die über keinerlei Vorkenntnisse verfügen.
ⓓ

Aufgabe 1
a) 0100
b) 1001

Aufgabe 2
a)

b)

Aufgabe 3
a) $6145 = 6 \cdot 1000 + 1 \cdot 100 + 4 \cdot 10 + 5 \cdot 1 = 6 \cdot 10^3 + 1 \cdot 10^2 + 4 \cdot 10^1 + 5 \cdot 10^0$
b) $9104 = 9 \cdot 1000 + 1 \cdot 100 + 0 \cdot 10 + 4 \cdot 1 = 9 \cdot 10^3 + 1 \cdot 10^2 + 0 \cdot 10^1 + 4 \cdot 10^0$

Aufgabe 4

2^0	2^1	2^2	2^3	2^4	2^5	2^6	2^7	2^8	2^9	2^{10}
1	2	4	8	16	32	64	128	256	512	1024

Aufgabe 5
a) $13 = 1 \cdot 8 + 1 \cdot 4 + 0 \cdot 2 + 1 \cdot 1 = 1 \cdot 2^3 + 1 \cdot 2^2 + 0 \cdot 2^1 + 1 \cdot 2^0 = 1101$
b) $39 = 1 \cdot 32 + 0 \cdot 16 + 0 \cdot 8 + 1 \cdot 4 + 1 \cdot 2 + 1 \cdot 1 = 1 \cdot 2^5 + 0 \cdot 2^4 + 0 \cdot 2^3 + 1 \cdot 2^2 + 1 \cdot 2^1 + 1 \cdot 2^0 = 100111$

Aufgabe 6
$11010 = 1 \cdot 2^4 + 1 \cdot 2^3 + 0 \cdot 2^2 + 1 \cdot 2^1 + 0 \cdot 2^0 = 1 \cdot 16 + 1 \cdot 8 + 0 \cdot 4 + 1 \cdot 2 + 0 \cdot 1 = 26$

Rechnen im Dualsystem K 17

ⓐ Klasse 7
ⓑ Dualzahlen
ⓒ Beim Rechnen mit Dualzahlen – hier Addition und Multiplikation – zeigt sich, dass die für das Rechnen in unserem Dezimalsystem gültigen Algorithmen übertragbar sind. Durch Anwendung der Algorithmen in einem „fremden" Zahlsystem wird das Abstraktionsvermögen von Schülerinnen und Schülern geschult.
Auf das Verwandeln von Dualzahlen in Dezimalzahlen wird in dieser Einheit bewusst verzichtet, es kann aber als Ergänzung oder zur Kontrolle zusätzlich durchgeführt werden
ⓓ

Aufgabe 1
3865 + 6592 = 10 457

Aufgabe 2
a) 11; b) 111; c) 101; d) 110; e) 110; f) 1010; g) 11

Aufgabe 3
Einer: 1 + 1 = 10, Übertrag 1
Zweier: 0 + 0 + 1 = 1, Übertrag 0
Vierer: 1 + 1 = 10, Übertrag 1
Achter: 1 + 1 + 1 = 11, Übertrag 1
Sechzehner: 0 + 1 + 1 = 10, Übertrag 1
Zweiunddreißiger: 1 + 1 = 10, Übertrag 1
Vierundsechziger: 1

Aufgabe 4
a) 10100000; b) 1011100; c) 1000011000

Aufgabe 5

a) 1001 · 11

```
 1001
 1001
─────
11011
```

b) 1101 · 101

```
  1101
  0000
  1101
───────
1000001
```

Aufgabe 6
a) 10011010   b) 11010010

Das Märchen von der Schneeflocke K 18

ⓐ Klasse 7
ⓑ keine
ⓒ In dieser Einheit geht es um die so genannte Kochsche Schneeflockenkurve, eine bekannte Figur aus der fraktalen Geometrie. Die relativ einfache Iteration wird in dieser Einheit nicht streng mathematisch beschrieben, sondern in einen Märchentext eingebettet. Dennoch sollten Schülerinnen und Schüler über den mathematischen Kern nachdenken.
ⓓ

Aufgabe 2
12 cm

Aufgabe 3
Alle Teilstrecken sind jeweils 1 cm lang, Gesamtlänge 16 cm.

Aufgabe 4
b) $\frac{64}{3}$ cm = $21\frac{1}{3}$ cm

K 19 Eine Fläche ohne Inhalt

ⓐ Klasse 7
ⓑ Flächeninhalt von gleichschenkligen Dreiecken
ⓒ Die provokante Überschrift soll Neugier erzeugen und ist in dieser Form natürlich keine exakte Beschreibung des in der folgenden Einheit behandelten Themas. Es geht um eine Iteration an einem Dreieck, die im Grenzfall auf das SIERPINSKI-Dreieck führt. Das Ausgangsdreieck muss nicht zwangsläufig rechtwinklig und gleichschenklig sein, es lässt sich aber so der Flächeninhalt leicht berechnen, und Schülerinnen und Schüler können sich auf das Wesentliche, nämlich den Iterationsprozess, konzentrieren.
Dabei wird propädeutisch in geometrisch anschaulicher Weise eine Vorstellung eines Grenzwertes entwickelt.
ⓓ

Aufgabe 1
$A = 8$ cm^2

Aufgabe 2
$A_1 = 2$ cm^2, $R_1 = 6$ cm^2

Aufgabe 3
b) $A_2 = 0{,}5$ cm^2
c) 9 Teildreiecke, $R_2 = 4{,}5$ cm^2

Aufgabe 4
$A_3 = 0{,}125$ cm^2 $R_3 = 3{,}375$ cm^2

Aufgabe 5
a)

Teildreieck	Inhalt	Restfläche	Inhalt
A	8 cm^2	A	8 cm^2
A_1	2 cm^2	R_1	6 cm^2
A_2	0,5 cm^2	R_2	4,5 cm^2
A_3	0,125 cm^2	R_3	3,375 cm^2

b) $\frac{1}{4} = 0{,}25$

c) $\frac{3}{4} = 0{,}75$

Aufgabe 6
a) $R_4 = 2{,}53125$ cm^2
b) $R_5 = 1{,}8984375$ cm^2
c) $R_6 = 1{,}423828125$ cm^2

Aufgabe 7
$R_{40} \approx 0{,}000080453$ cm^2

Die Mächtigkeit von Mengen K 20

ⓐ Klasse 7
ⓑ Die Menge der ganzen Zahlen
ⓒ In dieser Einheit geht es um den Vergleich der Mächtigkeiten verschiedener Mengen. Dabei soll auf das Zählen der Elemente verzichtet werden. Stattdessen soll so verfahren werden, dass jeweils jedem Element der einen genau ein Element der anderen Menge zugeordnet wird (eineindeutige Zuordnung). Schließlich werden neben den so gebildeten Paaren entweder Elemente einer Menge übrig bleiben oder die Mengen sind gleich mächtig.
Mithilfe dieses Verfahrens ist es möglich – wie im zweiten Teil der Einheit thematisiert – auch Mengen zu vergleichen, die abzählbar unendlich viele Elemente besitzen. Es wird zunächst seltsam erscheinen, dass eine Teilmenge (Zehnerpotenzen) dieselbe Mächtigkeit wie die Menge, deren Teil sie ist (natürliche Zahlen), besitzt. Eine derartige Eigenschaft kann nur bei unendlichen Mengen vorkommen.
ⓓ

Aufgabe 1
Es gibt mehr weiße Punkte.

Aufgabe 2
Es sind gleich viele Sterne wie Dreiecke.

Aufgabe 3
a)

Zahl	1	10	100	1000	10 000	100 000
Zehnerpotenz	10^0	10^1	10^2	10^3	10^4	10^5

b) $2 \mapsto 10^2 = 100$, $3 \mapsto 10^3 = 1000$, $4 \mapsto 10^4 = 10\,000$, $5 \mapsto 10^5 = 100\,000$
c) $12 \mapsto 10^{12} = 1\,000\,000\,000\,000$
d) $7 \mapsto 10^7 = 10\,000\,000$

Aufgabe 4
a)

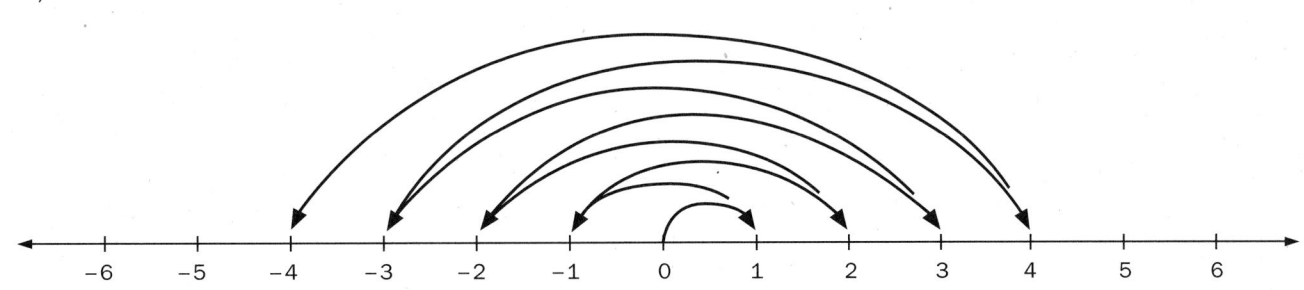

b) 0; 1; –1; 2; –2; 3; –3; 4; –4
c) $3 \mapsto 2$, $4 \mapsto -2$, $5 \mapsto 3$, $6 \mapsto -3$, $7 \mapsto 4$, $8 \mapsto -4$
d) Sie besitzen beide gleich viele Elemente.

K 21 Permutationen

ⓐ Klasse 7
ⓑ keine
ⓒ In dieser Einheit geht es Permutationen. Zunächst werden mit wenigen Buchstaben alle möglichen Wörter gebildet. Dabei stellt sich schnell die Frage nach der Anzahl der Möglichkeiten. Hier kommt der Begriff der Fakultät ins Spiel. Nach einigen Aufgaben aus unterschiedlichen Sachgebieten wird zum Schluss eine Aufgabe angeboten, die nicht mit Fakultäten zu lösen ist. Sie soll den Blick dafür schärfen, dass die bisher verwendete Lösungsstrategie nicht auf alle Aufgabentypen anwendbar ist.
ⓓ

Aufgabe 1
EIS, ESI, IES, ISE, SEI, SIE

Aufgabe 2
a) ES, SE
b) EILS, EISL, ELIS, ELSI, ESIL, ESLI, IELS, IESL, ILES, ILSE, ISEL, ISLE, LEIS, LESI, LIES, LISE, LSEI, LSIE, SEIL, SELI, SIEL, SILE, SLEI, SLIE

Aufgabe 3
a) 2 Wörter b) 6 Wörter c) 24 Wörter

Aufgabe 4
2 · 3 = 6   6 · 4 = 24

Aufgabe 5
a) 5! = 120 b) 6! = 720 c) 7! = 5040 d) 10! = 3 628 800

Aufgabe 6
a) 4! = 24 Zahlen b) 3! = 6 Zahlen c) 5! = 120 Zahlen

Aufgabe 7
a) 3! = 6 Zahlen b) 4231, 2431, 2341, 2314 c) 6 · 4 = 24

Aufgabe 8
5! = 120 Möglichkeiten

Aufgabe 9
8! = 40 320 Möglichkeiten

Aufgabe 10
a) A – B, A – C, A – D, B – C, B – D, C – D   b) 6-mal

Die binomischen Formeln — K 22

ⓐ Klasse 8
ⓑ Die drei binomischen Formeln
ⓒ In dieser Einheit kann der Umgang mit den binomischen Formeln geübt werden. Dieser wichtige und immer wiederkehrende Bereich kann gar nicht oft genug wiederholt werden – vor allem auch in höheren Klassenstufen – um die notwendige Sicherheit zu erlangen.
Nach der ersten Aufgabe, die zur Wiederholung der Formeln dient, schließt sich eine Aufgabe an, in der fehlende Terme ergänzt werden sollen. Hierbei soll einerseits der Umgang mit den Formeln gefestigt, andererseits die quadratische Ergänzung vorbereitet werden. In den verbleibenden Aufgaben kommt es zur Anwendung der Formeln beim Kopfrechnen.
ⓓ

Aufgabe 1
a) $u^2 + 2uv + v^2$ d)
b) $x^2 - 2xy + y^2$
c) $p^2 - q^2$

d) $c^2 + 6c + 9$
e) $n^2 - 2n + 1$
f) $k^2 - 4$

Aufgabe 2
a) $x^2 + 6x + 9 = (x + 3)^2$
b) $a^2 - 4a + 4 = (a - 2)^2$

c) $4x^2 - 4xy + y^2 = (2x - y)^2$
d) $p^2 + 10p + 25 = (p + 5)^2$

Aufgabe 3
a) 5184
b) 3599
c) 3136

Aufgabe 4
a) 5929
b) 8836
c) 6396

d) 1681
e) 10 201
f) 3025

Das Pascalsche Dreieck — K 23

ⓐ Klasse 8
ⓑ Die drei binomischen Formeln
ⓒ Das Pascalsche Dreieck gehört eigentlich in den Bereich der Kombinatorik, die heute jedoch leider kaum noch im Unterricht behandelt werden kann. Neben der Möglichkeit, außer den drei binomischen Formeln noch Terme höheren Grades ausrechnen zu können, ist es hier reizvoll, den iterativen Aufbau zu thematisieren. Anschaulich bedeutet dies, dass es beispielsweise erst möglich ist $(a + b)^{10}$ zu untersuchen, wenn man vorher $(a + b)^9$, $(a + b)^8$ usw. ermittelt hat. Der praktische Nutzen eines aufgrund einfacher Regeln zu entwickelnden Zahlenschemas ist immer wieder faszinierend.
Außerdem könnte noch das Vorhandensein wichtiger Zahlenfolgen im Pascalschen Dreieck zum Thema gemacht werden, etwa die Folge der natürlichen Zahlen oder die der Dreieckszahlen 1, 3, 6, 10, 15, 21, …
ⓓ

Aufgabe 1
a) $a^3 + 3a^2b + 3ab^2 + b^3$
b) $a^4 + 4a^3b + 6a^2b^2 + 4ab^3 + b^4$

Aufgabe 2
$a^3b^0 + 3a^2b^1 + 3a^1b^2 + a^0b^3$

K 23 Das Pascalsche Dreieck

Aufgabe 3

$1a^4 + 4a^3b + 6a^2b^2 + 4ab^3 + 1b^4$ 1 4 6 4 1

Aufgabe 4

```
                    1    4    6    4    1
                 1    5   10   10    5    1
              1    6   15   20   15    6    1
           1    7   21   35   35   21    7    1
        1    8   28   56   70   56   28    8    1
     1    9   36   84  126  126   84   36    9    1
  1   10   45  120  210  252  210  120   45   10    1
```

Aufgabe 5

$a^{10} + 10a^9b + 45a^8b^2 + 120a^7b^3 + 210a^6b^4 + 256a^5b^5 + 210a^4b^6 + 120a^3b^7 + 45a^2b^8 + 10ab^9 + b^{10}$

K 24 Vom Pascalschen Dreieck zum Sierpinski-Dreieck

ⓐ Klasse 8
ⓑ Das Pascalsche Dreieck
ⓒ Das Sierpinski-Dreieck gilt als die Ikone der fraktalen Geometrie. Es kann auf viele verschiedene Weisen erzeugt werden, insbesondere als Grenzfigur von Iterationen. Der hier zunächst gewählte Weg über die Verteilung von geraden und ungeraden Zahlen im Pascalschen Dreieck setzt lediglich dessen Kenntnis voraus. Der andere Weg über die Entfernung der Mittendreiecke ist ein besonders anschaulicher iterativer Prozess. Interessant dürfte es sein, die Struktur des Sierpinski-Dreiecks und seine Selbstähnlichkeit zu thematisieren.
ⓓ

Aufgabe 1

Aufgabe 2

gerade + gerade	ergibt	gerade
ungerade + gerade	ergibt	ungerade
ungerade + ungerade	ergibt	gerade

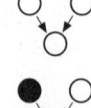

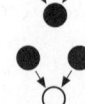

Vom PASCALschen Dreieck zum SIERPINSKI-Dreieck K 24

Aufgabe 3

Aufgabe 4

D₂

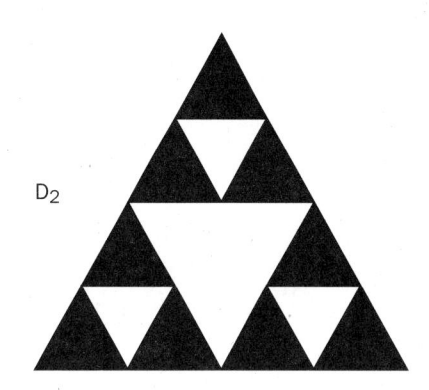

D₃

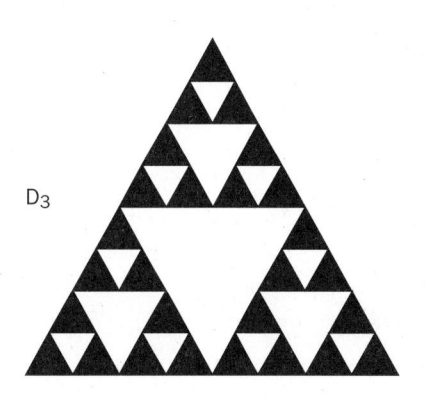

Aufgabe 5
Die beiden Figuren haben einen „ähnlichen" Aufbau. Bestimmte dreieckige Bereiche sind weiß und bleiben weiß. Die schwarzen Flächen werden immer stärker „durchlöchert". Ihr Anteil an der Fläche nimmt von Schritt zu Schritt ab.

Binomialkoeffizienten K 25

ⓐ Klasse 8
ⓑ Binomische Formeln, PASCALsches Dreieck
ⓒ Es geht in dieser Einheit zunächst um das Rechnen mit Fakultäten, die den Schülerinnen und Schülern sicherlich unbekannt sind. Besondere Terme, in denen Fakultäten vorkommen, sind die Binomialkoeffizienten. Es ergibt sich ein interessanter Zusammenhang zwischen Fakultäten und binomischen Formeln, der in einer entsprechenden Schreibweise für das PASCALsche Dreieck gipfelt.
ⓓ

Aufgabe 1
a) 2   b) 120   c) 40 320

Aufgabe 2
a) 144   b) 1440   c) 210

d) $\frac{1}{120}$ e) 15   f) 30

Aufgabe 3
a) 10   b) 15   c) 45   d) 1

K 25 Binomialkoeffizienten

Aufgabe 4
a) 1 b) 4 c) 6 d) 4 e) 1

Aufgabe 5
$1a^4 + 4a^3b + 6a^2b^2 + 4ab^3 + 1b^4$

Aufgabe 6
$\binom{3}{0}a^3 + \binom{3}{1}a^2b + \binom{3}{2}ab^2 + \binom{3}{3}b^3 = 1a^3 + 3a^2b + 3ab^2 + 1b^3$

Aufgabe 7

$(a+b)^2$	$\binom{2}{0}$	$\binom{2}{1}$	$\binom{2}{2}$		1	2	1
$(a+b)^3$	$\binom{3}{0}$	$\binom{3}{1}$	$\binom{3}{2}$	$\binom{3}{3}$	1	3	3	1

K 26 Ostern 2010

ⓐ Klasse 7
ⓑ keine
ⓒ Die Kompliziertheit der Berechnungen resultiert aus unserem Kalender, der sich nach der Sonne richtet. Sie wäre nach dem Mondkalender anderer Kulturen einfacher.
Das Problem der Berechnung des Ostertermins ist mithilfe weniger astronomischer Kenntnisse zu lösen. Auch mit geringerer Rechengenauigkeit (2 Nachkommastellen) sind die Rechnungen durchzuführen, jedoch vermitteln mehr Stellen einen besseren Eindruck von der Schwierigkeit astronomischer Berechnungen, die beim täglichen Umgang mit dem Kalender normalerweise nicht bedacht werden.
ⓓ

Aufgabe 1
$12 \cdot 29{,}53059 = 354{,}36708 \quad 365{,}25 - 354{,}36708 = 10{,}889292$

Aufgabe 2
Laut Rechnung der 21. März, da aber 2000 ein Schaltjahr und die 10,883 Tage ein Durchschnittswert ist, ist der richtige Termin der 20. März.

Aufgabe 3
a) 119,71212 Tage
b) 118,12236 Tage / 147,65295 Tage

Aufgabe 4
30. März

Ostern 2010 **K 26**

Aufgabe 5
2002: 31. 3.
2003: 30. 3.
2004: 28. 3.
2005: 27. 3.
2006: 26. 3.
2007: 25. 3.
2008: 23. 3.
2009: 22. 3.
2010: 21. 3.

Aufgabe 6
4. April 2010

Die Osterformel **K 27**

ⓐ Klasse 7
ⓑ keine
ⓒ Diese Einheit kann im Zusammenhang mit der vorigen behandelt werden, aber auch unabhängig davon. Auf eine Erläuterung der beiden „Formeln" wird verzichtet, ebenso auf die Erklärung oder gar Herleitung der Konstanten. Es dürfte schon durch Nachvollziehen der Rechnung bei Schülerinnen und Schülern ein hinreichender Eindruck von der Kompliziertheit astronomischer Berechnungen entstehen.
Als Ergänzung bietet sich die Berechnung des Ostertermins für andere Jahre an. Dabei ist allerdings zu berücksichtigen, dass die angegebenen Konstanten nur für den Zeitraum der Jahre 1900 bis 2099 gelten.
ⓓ

Aufgabe 1
2010 : 19 = 105 Rest 15   a = 15
204 – 11 · 15 = 39   b = 39
39 : 30 = 1 Rest 9   c = 9
21. 3. + 9 Tage = 30. 3.

Aufgabe 2
2010 : 19 = 105 Rest 15   A = 15
2010 : 4 = 502 Rest 2   B = 2
2010 : 7 = 287 Rest 1   C = 1
15 · 19 + 24 = 309
309 : 30 = 10 Rest 9   D = 9
2 · 2 = 4   4 · 1 = 4   6 · 9 = 54
4 + 4 + 54 + 5 = 67   E = 67
67 : 7 = 9 Rest 4   F = 4
9 + 4 + 22 = 35
Vom 1. 3. an 35 Tage abgezählt ergibt den 4. 4.

K 28 Brüche, Brüche, Brüche

ⓐ Klasse 7
ⓑ Periodenschreibweise
ⓒ Diese kurze Einheit dient nur dazu, Kenntnisse, die in der folgenden Einheit benötigt werden, aufzufrischen. Sie füllt allein nicht eine Unterrichtsstunde. Es geht dabei um die Klärung der Begriffe abbrechender, rein periodischer und gemischt periodischer Dezimalbruch, die eigentlich aus dem 6. Schuljahr schon bekannt sein müssten.
ⓓ

Aufgabe 1
a) 0,75
b) $0,\overline{6}$
c) $0,1\overline{6}$

Aufgabe 2
a) $0,8\overline{3}$ gemischt periodisch
b) $0,\overline{2}$ rein periodisch
c) 0,625 abbrechend

Aufgabe 3
a) rein periodisch
b) gemischt periodisch
c) abbrechend (Kürzen durch 3!)
d) abbrechend

K 29 Perioden

ⓐ Klasse 7
ⓑ Periodische Dezimalbrüche (siehe **A 28** Brüche, Brüche, Brüche)
ⓒ Brüche mit Primzahlnennern (außer 2 oder 5) besitzen rein periodische Dezimalbruchdarstellungen. Ist p die Primzahl im Nenner, so ist die Länge der Periode entweder p – 1 oder ein Teiler von p – 1. Im zweiten Fall ergeben sich unterschiedliche Zyklen von Ziffern innerhalb der Perioden. Diesen Sachverhalt kann man dadurch plausibel machen, dass man die bei der Division entstehenden Reste betrachtet.
Es ist nicht unbedingt notwendig, sich mit der Einteilung der Dezimalbrüche in drei Gruppen ausführlich zu beschäftigen. Die Beschränkung auf primzahlige Nenner geschieht deshalb, um den Schwierigkeitsgrad auf ein sinnvolles Maß zu senken. Da Aufgabe 8 recht umfangreich ist, kann sie aus Zeitgründen entfallen, sie bietet jedoch die Möglichkeit ohne enge Führung eigenständig zu forschen.
ⓓ

Aufgabe 1
a) rein periodisch
b) gemischt periodisch
c) rein periodisch
d) rein periodisch (Kürzen durch 2!)

Perioden **K 29**

Aufgabe 2
a) 1 : 13 = 0,$\overline{076923}$
   10
   100
   $\underline{91}$
   $\overline{90}$
   $\underline{78}$
   $\overline{120}$
   $\underline{117}$
   $\overline{30}$
   $\underline{26}$
   $\overline{40}$
   $\underline{39}$
   $\overline{10}$

b) 2 : 13 = 0,$\overline{153846}$
   20
   $\underline{13}$
   $\overline{70}$
   $\underline{65}$
   $\overline{50}$
   $\underline{39}$
   $\overline{110}$
   $\underline{104}$
   $\overline{60}$
   $\underline{52}$
   $\overline{80}$
   $\underline{78}$
   $\overline{20}$

Aufgabe 3
a) 3 : 13 = 0,$\overline{230769}$
b) 5 : 13 = 0,$\overline{384615}$

Aufgabe 4
4, 1, 10, 9, 12, 3

Aufgabe 5
2 : 13:   7, 5, 11, 6, 8, 2
5 : 13:   11, 6, 8, 2, 7, 5

Aufgabe 6
Nein.

Aufgabe 7

Zyklus 1	Zyklus 2
Reste: 10, 9, 12, 3, 4, 1	Reste: 7, 5, 11, 6, 8, 2
Brüche: $\frac{1}{13}, \frac{3}{13}, \frac{4}{13}, \frac{9}{13}, \frac{10}{13}, \frac{12}{13}$	Brüche: $\frac{2}{13}, \frac{5}{13}, \frac{6}{13}, \frac{7}{13}, \frac{8}{13}, \frac{11}{13}$

K 29 Perioden

Aufgabe 8
Es gibt 8 Zyklen mit jeweils 5 Resten:

$\frac{1}{41} = 0,\overline{02439}$:   10, 18, 16, 37, 1   außerdem $\frac{10}{41}, \frac{16}{41}, \frac{18}{41}, \frac{37}{41}$

$\frac{2}{41} = 0,\overline{04878}$:   20, 36, 32, 33, 2   außerdem $\frac{20}{41}, \frac{32}{41}, \frac{33}{41}, \frac{36}{41}$

$\frac{3}{41} = 0,\overline{07317}$:   30, 13, 7, 29, 3   außerdem $\frac{7}{41}, \frac{13}{41}, \frac{29}{41}, \frac{30}{41}$

$\frac{4}{41} = 0,\overline{09756}$:   40, 31, 23, 25, 4   außerdem $\frac{23}{41}, \frac{25}{41}, \frac{31}{41}, \frac{40}{41}$

$\frac{5}{41} = 0,\overline{12195}$:   9, 8, 39, 21, 5   außerdem $\frac{8}{41}, \frac{9}{41}, \frac{21}{41}, \frac{39}{41}$

$\frac{6}{41} = 0,\overline{14634}$:   19, 26, 14, 17, 6   außerdem $\frac{14}{41}, \frac{17}{41}, \frac{19}{41}, \frac{26}{41}$

$\frac{11}{41} = 0,\overline{26829}$:   28, 34, 12, 38, 11   außerdem $\frac{12}{41}, \frac{28}{41}, \frac{34}{41}, \frac{38}{41}$

$\frac{15}{41} = 0,\overline{36585}$:   27, 24, 35, 22, 15   außerdem $\frac{22}{41}, \frac{24}{41}, \frac{27}{41}, \frac{35}{41}$

K 30 Periodenlängen

ⓐ Klasse 7
ⓑ Periodische Dezimalbrüche (siehe **A 28** Brüche, Brüche, Brüche, **A 29** Perioden)
ⓒ In dieser Einheit wird der Satz thematisiert, dass die Periodenlänge eines Bruchs mit Primzahlnenner p entweder gleich p – 1 oder ein Teiler davon ist (vgl. die Einheit **A 29** Perioden).
Eine vorherige Behandlung der Einheit über Perioden ist dabei nicht unbedingt notwendig.
ⓓ

Aufgabe 1
a) $1 : 7 = 0,\overline{142857}$

b) $1 : 37 = 0,\overline{027}$

Aufgabe 2
a) 6 Stellen

b) 3 Stellen

Aufgabe 3
3, 2, 6, 4, 5, 1

Aufgabe 4
a) 1, 2, 3, ..., 35, 36

b) 1, 10, 26

Aufgabe 5
a) $1 : 3 = 0,\overline{3}$
b) $1 : 11 = 0,\overline{09}$

c) $1 : 13 = 0,\overline{076923}$
d) $1 : 17 = 0,\overline{0588235294117647}$

Periodenlängen K 30

Aufgabe 6

Zahl	3	7	11	13	17	37
Anzahl möglicher Reste (mögliche Periodenlänge)	2	6	10	12	16	36
Anzahl tatsächlich auftretender Reste (wirkliche Periodenlänge)	1	6	2	6	16	3

Die wirkliche Periodenlänge ist gleich der möglichen Periodenlänge oder ein Teiler von ihr.

Dezimalbrüche und Potenzen K 31

ⓐ Klasse 7
ⓑ Stellenwerttafel
ⓒ In dieser Einheit steht die Schreibweise von Zehnteln, Hundertsteln, Tausendsteln als Zehnerpotenzen mit negativen Exponenten im Mittelpunkt. Dabei wird auch die Bedeutung des Stellenwertsystems bei Dezimalbrüchen klargemacht. Der Umgang mit den unterschiedlichen Schreibweisen kann hier geübt werden.
ⓓ

Aufgabe 1

10^1	10^0	10^{-1}	10^{-2}	10^{-3}
2	8	3	5	
	1	0	0	7
	3	1	4	
	0	0	1	0

Aufgabe 2

a) $28{,}35 = 2 \cdot 10 + 8 \cdot 1 + 3 \cdot \frac{1}{10} + 5 \cdot \frac{1}{100} = 2 \cdot 10^1 + 8 \cdot 10^0 + 3 \cdot 10^{-1} + 5 \cdot 10^{-2}$

b) $1{,}007 = 1 \cdot 1 + 0 \cdot \frac{1}{10} + 0 \cdot \frac{1}{100} + 7 \cdot \frac{1}{1000} = 1 \cdot 10^0 + 0 \cdot 10^{-1} + 0 \cdot 10^{-2} + 7 \cdot 10^{-3}$

c) $3{,}14 = 3 \cdot 1 + 1 \cdot \frac{1}{10} + 4 \cdot \frac{1}{100} = 3 \cdot 10^0 + 1 \cdot 10^{-1} + 4 \cdot 10^{-2}$

d) $0{,}010 = 0 \cdot 1 + 0 \cdot \frac{1}{10} + 1 \cdot \frac{1}{100} + 0 \cdot \frac{1}{1000} = 0 \cdot 10^0 + 0 \cdot 10^{-1} + 1 \cdot 10^{-2} + 0 \cdot 10^{-3}$

Aufgabe 3

a) $2 \cdot 10^1 + 4 \cdot 10^0 + 0 \cdot 10^{-1} + 1 \cdot 10^{-2} =$
$= 20 + 4 + \frac{0}{10} + \frac{1}{100} = 24\frac{1}{100} = 24{,}01$

b) $3 \cdot 10^0 + 6 \cdot 10^{-1} + 9 \cdot 10^{-2} + 2 \cdot 10^{-3} =$
$= 3 + \frac{6}{10} + \frac{9}{100} + \frac{2}{1000} =$
$= 3 + \frac{600}{1000} + \frac{90}{1000} + \frac{2}{1000} =$
$= 3\frac{692}{1000} = 3{,}692$

c) $0 \cdot 10^0 + 5 \cdot 10^{-1} + 0 \cdot 10^{-2} + 8 \cdot 10^{-3} =$
$= 0{,}508$

d) $4 \cdot 10^2 + 0 \cdot 10^1 + 1 \cdot 10^0 + 1 \cdot 10^{-1} =$
$= 401{,}1$

K 31 Dezimalbrüche und Potenzen

Aufgabe 4
a) $3{,}067 = 3 \cdot 10^1 + 0 \cdot 10^0 + 6 \cdot 10^{-1} + 7 \cdot 10^{-2} = 3 \cdot 10^1 + 6 \cdot 10^{-1} + 7 \cdot 10^{-2}$
b) $8 \cdot 10^0 + 6 \cdot 10^{-1} + 1 \cdot 10^{-3} = 8 \cdot 10^0 + 6 \cdot 10^{-1} + 0 \cdot 10^{-2} + 1 \cdot 10^{-3} = 8{,}601$
c) $1 \cdot 10^1 + 4 \cdot 10^{-2}$
d) $300{,}5$

Aufgabe 5
a) $20{,}491$
b) $507{,}16$
c) $84{,}7005$
d) $600{,}9009$

K 32 Kettenbrüche

ⓐ Klasse 7
ⓑ Bruchrechnung
ⓒ Die Theorie der Kettenbrüche ist ein wichtiges Kapitel im Bereich der Zahlentheorie. Man kann beweisen, dass sich jede rationale Zahl in einen abbrechenden, jede irrationale Zahl in einen nicht abbrechenden Kettenbruch umwandeln lässt.
In dieser Einheit geht es um das Umwandeln eines Bruches in einen Kettenbruch und umgekehrt. Dabei ergibt sich die Gelegenheit das Rechnen mit Brüchen – insbesondere das Addieren und Dividieren – ausführlich zu üben.
ⓓ

Aufgabe 1
a) $\dfrac{31}{25}$
b) $\dfrac{43}{30}$
c) $\dfrac{27}{10}$

Aufgabe 2
a) [1; 4, 6]
b) [1; 2, 3, 4]
c) [1; 2, 1, 3]

Aufgabe 3
a) $\dfrac{107}{74}$
b) $\dfrac{57}{17}$
c) $\dfrac{5}{3}$

Aufgabe 4
a) [4; 1, 3, 3]
b) [2; 3, 4, 5]

Weiterführende Literatur

Bailiff, J. C., Denkpirouetten, Hugendubel-Verlag, München 1985.
Gardner, Martin, Mathematische Knobeleien, Vieweg, Braunschweig 1973.
Honsberger, Ross, Mathematische Edelsteine, Vieweg, Braunschweig 1981.
Kracke, Helmut, Mathe-musische Knobeleien, Dümmler, Bonn 1983.
Lehmann, Johannes, Kurzweil durch Mathe, Aulis, Köln 1981.
Lietzmann, Walter, Sonderlinge im Reich der Zahlen, Dümmler, Bonn 1948.
Meschkowski, Herbert, Mathematik, Deutsche Buch-Gemeinschaft, Darmstadt 1969.
Miller, Maximilian, Gelöste und ungelöste mathematische Probleme, Teubner, Leipzig 1979.
Peitgen, Heinz-Otto, Bausteine des Chaos: Fraktale, Klett-Cotta/Springer, Stuttgart 1992.
Stowasser, Roland, Mohry, Benno, Rekursive Verfahren, Schroedel, Hannover 1978.
Wittenberg, Alexander Israel, Bildung und Mathematik, Klett, Stuttgart 1963.